Achim Schwarze

Lieber reich und gesund als arm und krank

Wie man in Bestzeit Geld macht und gekonnt damit umgeht

Illustriert
von Michael Meier

Eichborn

Die Deutsche Bibliothek – CIP-Einheitsaufnahme

Schwarze, Achim:
Lieber reich und gesund als arm und krank : Wie man in Bestzeit Geld macht und gekonnt damit umgeht / Achim Schwarze. Ill. von Michael Meier. – Frankfurt am Main : Eichborn, 1993
ISBN 3-8218-2224-4

Umschlaggestaltung: Rüdiger Morgenweck
unter Verwendung einer Zeichnung von Michael Meier.
Gesamtherstellung: Fuldaer Verlagsanstalt
ISBN 3-8218-2224-4

Verlagsverzeichnis schickt gern:
Eichborn Verlag, Kaiserstr. 66, 60329 Frankfurt/M.

Inhalt

Wie man ganz schnell zur ersten Million kommt

Es war dem Normalverdiener nicht ganz wohl im Büro des Rechtsanwaltes, aber dann sagt er doch: »Na gut, dann nehme ich das Millionenerbe eben an.«

Er rechnete mit siebenstelligen Summen, aber nicht mit deren achtstelligen Nebenwirkungen. Schon bald sehnte er sich nach Dingen, die man mit Geld nicht kaufen kann: nach seinen Schulden, seinen Überstunden und seinen ungerechten Vorgesetzten.

Weil man immer wieder hört, wie hart, leer und ungesund das Leben der Reichen ist, fragte ich einen bekannten Düsseldorfer Playboy: »Muß man Angst vor dem Reichtum haben?«, und er antwortete: »Nein – außer unter normalen Umständen.«

Unzählige Menschen – schon solche mit kleineren Vermögen – leiden an Geldkrankheiten aller Art und haben nur einen Wunsch: daß Geld ihnen nichts mehr bedeutet. Genauso wie ich hoffe, daß ich eines Tages völlig das Interesse an Sex verliere – ohne Operation natürlich. Doch das viele Geld hat irreparable Dauerschäden angerichtet. Es gibt nur eine Therapie: noch mehr Geld. Und sie funktioniert nicht.

In der Tat fällt auf, daß sich der durchschnittliche Bettler in Bombay schon lange keinen Neuwagen mehr geleistet hat und trotzdem glücklich lächelt. Also setzte ich mich in mein Schlauchboot, um ihn nach den Gründen seines Grinsens zu fragen. War es Überheblichkeit? Oder ging es ihm zu gut? Mit der unendlichen Weisheit des Ostens antwortete mir der durchschnittliche Bettler von Bombay: »Ich hungere, damit ich mir den Magen nicht verderbe.«

Immer häufiger werden in Bombay neidische Millionäre beobachtet, die den lächelnden Bettlern große Scheine zustecken. »Damit sie es auch mal so schlecht haben wie wir!«, lautet die Begründung, doch das wahre Motiv liegt woanders: Die reichen Weißen kommen mit dem Frust nicht klar, hier in Bombay bei der kostspieligen Umschulung zum Bettler kläglich gescheitert zu sein – schon bei der ersten Zwischenprüfung.

Wo auch immer die menschliche Tragödie der Reichen verhandelt wird, betreten unscheinbar gekleidete, etwas ärmlich wirkende Männer den Gerichtssaal und geben als Kronzeugen zu Protokoll: »Ich bin dankbar, daß ich alles verloren habe, denn um ein Haar hätte ich meine besten Jahre vergeudet. Geld ist krank und macht krank.«

Pleite hingegen macht gesund und fit: Kaum war die Last der Millionen gewichen, wuchsen Haare auf der Glatze, und auch der Krebs erledigte sich von selbst.

Eigentlich müßte jedem Geldbündel ein Beipackzettel unter die Banderole gesteckt werden: »Der Finanzminister warnt: Geld schadet Ihrer Gesundheit.« Es führt zu Depressionen und Sinnkrisen, zu Unfällen in überschnellen Sportwagen, Rennbooten und Swimming-Pools, es erzeugt Drogensucht, die unvorstellbarsten Schicksalsschläge und behinderte Kinder – wie jeder weiß, der schon mal eine Frisur haben wollte und über die ausliegenden Bildungsangebote im Studio für Hairstyling erstaunt war.

Doch von der Lesemappe zurück in den Gerichtssaal. Das Wort hat der Kronzeuge, und er berichtet über seine schreckliche Vergangenheit: »Liebe? Kannte ich nicht. Ich hatte nur zwei Freunde: Saus und Braus.«

Die um Haaresbreite Entkommenen halten nun einen langen Vortrag über ihren Weg zur Läuterung – Düsseldorf, Sylt, Gomera, Toscana, Poona, Kreta. Sie nennen sich »Aussteiger« – die amtliche Bezeichnung dafür lautet Offenbarungseid.

An dieser Stelle werden viele abwinken und sagen: »Ich gehe lieber wieder ins Büro, Geld verdienen, anstatt das psychiatrische Gutachten gegen diese unzurechnungsfähigen Verlierertypen abzuwarten.« Sie nehmen nur das ernst, was Reiche über das Reichsein sagen. »Stimmt! Fragen Sie ein paar Millionäre. Niemand kennt das Reichsein besser als die Reichen.«

Ich habe es getan. Und hier das Ergebnis einer Umfrage unter 608 Multimillionären: Viele von ihnen schwärmen von einem sorgenfreien, glücklichen Leben, die anderen 98 % jammern.

Warum?

Erst mal sind die Reichen nicht halb so reich, wie man es ihnen immer unterstellt. Genau betrachtet haben viele Reiche so gut wie kein Geld, weil sie alles ausgeben müssen für ihren aufwendigen Lebensstil.

Obendrein zahlen die Reichen deutlich über 120 % Steuern (und zwar nach Hinterziehung!) und leiden an einer unvorstellbaren Terminnot: Sie haben vor lauter Existenzängsten und anderen gesellschaftlichen Verpflichtungen keine Zeit, ihre Schulden zu genießen.

Hinzu kommt eine feindselige Umwelt. Reiche werden von arm und reich gleichermaßen gehaßt. Daher leben sie in menschlicher Isolation hinter den Mauern großer Villen. Was nützt ihnen nun ihr Geld? Sie können auch nicht mehr Fernsehprogramme empfangen als normale Leute.

Hört man Millionären eine Viertelstunde lang zu, möchte man nicht mehr mit ihnen tauschen. Auch nicht für sehr viel Geld.

Im Gegenteil: Man möchte den armen Reichen irgendwie helfen. Doch nun beweisen die Mitglieder der Oberklasse Klasse. Sie lehnen es ab, sich jetzt, wo allen die Tränen kommen, Trinkgelder zustecken zu lassen.

Weil dieses Buch sich aber ausdrücklich an die Unbelehrbaren richtet, die trotz aller Nachteile und Warnungen reich oder sogar stinkreich werden wollen, soll es nun um die Frage gehen: »Wie sahne ich am schnellsten und am dicksten ab?«

Die Voraussetzungen zum Reichwerden

Die beste Voraussetzung

Es gibt viele gute Voraussetzungen für Reichtum: Intelligenz, Skrupellosigkeit, Fleiß, Visionen. Die beste von allen aber ist Reichtum.

Ihr erster Ansprechpartner in diesem Zusammenhang sollten Ihre Eltern sein. So mancher Sohn hat im Handumdrehen eine Million gemacht – aus den fünf Millionen seiner Eltern.

Bestimmung und der Glaube an sie

Es geht auch ohne reiche Familie. Wenn Sie zum Reichtum bestimmt sind, dann kommen Sie ohnehin nicht drumrum, reich zu werden. Das ist Schicksal, und einer der großen Philosophen unserer Tage sagte einmal: »Was passiert, passiert, weil es passiert.«

Aber wie kann man sich sicher sein, daß man wirklich auserwählt ist? Ganz einfach: Wenn man sich sicher ist, daß man auserwählt ist, ist man auserwählt, denn nur eine hauchfeine Minderheit unserer Gesellschaft beherrscht die Kunst, an sich zu glauben, obwohl alle anderen sich schon prustend auf die Schenkel schlagen.

Wer wirklich zum Reichtum bestimmt ist, kann nicht scheitern. Sollte es mal anders aussehen, dann sollen wir auf die Probe gestellt werden. Es kann auf dem Weg zum märchenhaften Vermögen zu gewissen Verzögerungen kommen, aber währenddessen lernen wir aus dem, was andere für einen Rückschlag halten, und hoffen auf vorzeitige Entlassung wegen guter Führung.

Ziele, Visionen und offene Rechnungen

Gern wird in der Geldgier der Motor zum Reichwerden gesehen. Falsch! Keinem, der mehrere Millionen aufgehäuft hat, ging es je ums Geld. Erfolgsmenschen haben andere, menschlichere Ziele – die alle damit zu tun haben, daß der Senkrechtstarter irgendwo ein bißchen Kind geblieben ist und keine Verjährungsfristen kennt.

Das muß man wohl erklären:

Viele Millionäre waren als Kind klein, schwach, dick und häßlich. Heute sind sie klein, schwach, dick und häßlich. Jahrzehntelang träumten sie jede Nacht denselben Traum: Im Staub oder (bei schlechtem Wetter) im Schlamm kriechen vor ihnen die alten Schulkameraden und flehen um Verzeihung für ihre früheren Hänseleien. Der Erfolgsmensch fragt immer wieder: »Wie bitte, ich habe nicht verstanden« und läßt sich die Entschuldigungen endlos wiederholen.

Je nach Tageslaune läßt der allmächtige Millionär nun Gnade vor Recht ergehen, oder er zeigt angemessene Härte und zertritt diesen elenden Wurm genüßlich. Ihn und die gesamte Brut seiner Mitkriecher. Dann fragt er neugierig: »Na, wie gefällt euch Schleimern die Idee, mit Ätzkalk bestreut zu werden?«

Andere Reiche gehen nach Jahren des abgebrochenen Kontaktes zurück in die Heimat. Die Blaskapelle spielt am Dorfflughafen auf, winkende Schulkinder säumen die Straßen, weil zu Ehren des hohen Besuches die Prügelstrafe wieder eingeführt wurde.

Stellen Sie sich vor, wie schön das wäre: Triumphierend ziehen Sie nach Erreichung des siebenstelligen Kontostandes zu Ihrem Elternhaus und stecken Ihrem Vater, der Sie immer für einen Versager hielt, 50 Mark zu mit den Worten: »Geh endlich mal zu einem vernünftigen Friseur, Papi.« Dann sprechen Sie mit ihm über seine Erziehungsmethoden. Sie bringen ihn beim Fachsimpeln unter Amokschützen irrtümlich um und heiraten irrtümlich Ihre Mutter. Vor allem wenn es die zweite Frau Ihres Vaters ist – und 35 Jahre jünger als er.

Haben Sie an diesen Vorstellungen schon Geschmack gefunden? Dann legen Sie noch einen drauf:

Sie verabreden sich mit jenen attraktiven Frauen oder Männern, von denen Sie einst verschmäht wurden, weil Sie ihnen nicht gut genug waren. Beim stundenlangen Essen und Trinken im 7-Kochlöffel-Restaurant zeigen Sie Fotos Ihrer 8-Zimmer-Zweitvilla in St. Tropez, das bibeldicke Sammelalbum mit den tausend schönsten Exemplaren Ihrer 20-bändigen Tausendmarkscheinsammlung und eine Weltkarte mit sämtlichen 241 Niederlassungen Ihres internationalen Mischkonzerns. Dann rufen Sie den Kellner und sagen: »Wir zahlen getrennt.«

In den folgenden Jahren reagieren Sie nicht auf die täglichen Telefonanrufe dieser Figuren. Wenn Sie Ihren netten Tag haben, sagen Sie: »Liebe hat was mit Vertrauen zu tun, und ich vertraue dir erst, wenn du dein Versprechen gehalten hast.« – »Welches?« – »Das von letzter Woche: ›Wenn du mich weiter links liegen läßt, bringe ich mich um.‹«

Ja, und so hat jeder seine Jugendträume. Irgendwann mal mit neun haben Sie sich bestimmt was in den Kopf gesetzt. Sie wollten schon immer mal das Auto haben, mit dem man beim Autoquartett jeden übertrumpfen konnte? Oder einen Ehemann, der so aussieht wie Ken, der Lebensabschnittspartner von Barbie? Oder wissen, wie es sich anfühlt, ein Hochhaus zu kaufen und am nächsten Ersten feierlich zu sprengen? Das alles kann man sich leisten, wenn man reich geworden ist. Und zusätzlich können Sie sich eine Familie zusammenkaufen, die nur aus hübschen Menschen besteht.

Die richtigen Vorbilder

Kein Erfolg ohne Vorbilder! Am meisten bringen Ihnen solche, die Sie nicht verehren. Die sehen Sie sich an und sagen: »Was die Arschlöcher können, das kann ich schon lange.« Trump, Onassis, der Kneipenwirt um die Ecke. »Wäre doch gelacht . . . !«

Der optimale Partner

Erinnern Sie sich an Nancy Reagan? Ron war ein dämlicher Trottel, aber er konnte ihre Meinung gut vortragen. So wurde er ganz schnell der mächtigste Mann der Welt.

Wenn Sie reich werden wollen, brauchen Sie jemanden, der noch besessener von dieser Idee ist als Sie. Dieser Partner soll Sie ständig loben, darf aber nie ganz zufrieden sein, wenn Sie Ihr Plansoll übererfüllt haben. Das Schöne am Reichtum ist ja, daß man immer noch ein bißchen reicher werden kann, als man gerade ist.

Eine Nancy feuert ihren kleinen Streber Tag und Nacht an. Sie steckt ihm die Ziele und ist sein lebendes schlechtes Gewissen. Bei so viel gewissenhafter Selbstlosigkeit bleibt für den Eigenbedarf kein Gewissen übrig. Sie eicht ihn mit Zuckerbrot und Lederpeitsche auf Erfolg – weil sie ihn liebt. Aus genau diesem Grund nimmt sie ihm einen Teil der schwierigsten und verantwortungsvollsten Verpflichtungen ab, besonders im Bereich des Geldausgebens. Das macht sie so unauffällig, daß er von ihren Anstrengungen nichts merkt. Sie nörgelt nicht dabei und fordert auch keine direkten Gegenleistungen für ihre zermürbenden Shopping-Touren mit seiner Kreditkarte.

Im Gegenteil: Wenn er sich aus Dankbarkeit verpflichtet fühlt, sie mit aufregendem Sex zu beschenken, sagt sie: »Du mußt dich schonen.« Und das gilt auch für den teuren Sofastoff.

Partner zweiter Wahl

Leider sind optimale Partner mit dem Biß einer Nancy Reagan selten. Die meisten Aufsteiger müssen sich mit zweiter Wahl begnügen – doch auch solche Menschen können ihre Qualitäten haben. Auf einer Eigenschaft sollten Sie aber bestehen, wenn Sie es zu etwas bringen wollen: Gerade in der Anfangsphase muß der Partner an Sie glauben, auch dann noch, wenn Ihnen der erste oder zweite Start in Richtung Million nicht ganz so gelingt und Ihr Partner sein Erspartes verliert. Schlimmer wäre der Verlust eines Unterschenkels oder der Überzeugungsfähigkeit den Eltern gegenüber.

In Phasen der Krise sagen Sie: »Ich tue das alles doch nur für uns beide, mein Schatz«, und fügen hinzu: »Ich verspreche dir, schon bald wird sich alles ändern.« Allerdings erklären Sie nicht schon jetzt, daß Sie damit ein Scheidungsverfahren meinen.

Doch das mit der Scheidung kann sich noch hinziehen, denn der Millionärsanwärter weiß: Man soll sich erst trennen, wenn man sich nicht mehr liebt – und auch nicht mehr lieben muß.

Wie man sich selbst abrichtet und scharfmacht

Wer Erfolg haben will, muß sich immer wieder auf Linie trimmen, damit Engagement und Gnadenlosigkeit nicht abflauen. Er muß sich eine unbarmherzige Einstellung zulegen und sein Leben umstellen.

Hier nun die wichtigsten Methoden, um den inneren Schweinehund zu einem Karriere-Pitbull zu drillen:

Studium

Weil täglich in die Weiterbildung investiert werden muß, treffen sich alle ambitionierten Tellerwäscher der Umgebung nachmittags in der örtlichen Bahnhofsbuchhandlung zum Blättern.

Sie nehmen in »Forbes« regelmäßig an den Traumkarrieren der Superreichen teil. Sie begleiten die Multimillionäre bei ihren raffinierten Freizeitvergnügungen. Sie schwelgen in Katalogen voller Luxusartikel, die auch in ihrem Heim gut aufgehoben wären (es sei denn, sie seien größer als das momentane Heim).

Ja, Fachliteratur ist wichtig! Sammeln Sie die Zeitungsausschnitte von allen Erfolgsstorys, die Ihnen in die Hände fallen, basteln Sie sich einen Altar und beten Sie Ihre Vorbilder religionsartig an. Sehen Sie sich Filme an, die im Milieu der Einkommen ab »Dallas« aufwärts spielen.

Lesen Sie »Playgirl«, »Vogue« oder »Supertitten«, um sich schon heute Ihren künftigen Umgang auszusuchen. Lesen Sie »Playgirl«, »Vogue« oder »Supertitten«, um sich schon heute Ihr künftiges Aussehen auszusuchen. Den Fachzeitschriften »Superillu«, »Frau im Spiegel« oder »Focus« entnehmen Sie bitte die modischsten Chirurgen für sich und Ihre Lieben.

Die Zeitreise in die Zukunft

Will sich der Killerinstinkt nicht so recht einstellen, hilft gegen erlahmenden Enthusiasmus nur eines – das kleine »Blutlecken« zwischendurch: Leben Sie schon heute testweise so, wie Sie nach der ersten Million leben werden. Das motiviert – weil es süchtig macht!

Nicht immer ist der Vorgriff auf die eigene Zukunft so völlig gratis wie die Probefahrt beim Ferrari-Fachhändler. Nicht umsonst, aber auch nicht ruiniös finde ich folgende Ideen:

- Einmal aus einem Geldbündel heraus bezahlen. Und wohlige Schauer laufen einem über den Rücken, wenn man erlebt, wie man gleichzeitig beneidet und gehaßt wird.
- Einmal einen 50er Trinkgeld geben. Je kleiner die zugrunde liegende Zeche, desto reicher fühlt man sich.
- Eine Nacht mit einer Dame oder einem Herrn (unter 30) verbringen, die oder der für alles (!) Verständnis hat.
- Einen Tag im Luxushotel verleben.

Oder machen Sie es wie Hannes Kerneck: Einmal pro Monat strahlt dieser bekennende Yuppie (2. Lehrjahr, 2.500 netto) über das ganze Gesicht. Wenn man ihn fragt, was er gemacht hat, sagt er: »Ich war wieder auf Wohnungssuche.« Dann weiß man schon, daß er nicht allein gegangen ist, sondern mit einer atemberaubend schönen Frau am Arm, die ihn am nächsten Tag ihren atemberaubend schönen Freundinnen weiterempfehlen wird: »Hallo, Marita? Ich bin's, die Julia. Ja, ich war gestern mit Hannes unterwegs. Du, es war super, sage ich dir. Ich habe fast selber daran geglaubt, daß ihm diese 10-Zimmer-Villa ein bißchen zu stickig war.«

Auch den lustvollen Umgang mit der Bank kann man lange vor der Erreichung der Mercedes-Grenze genießen: Als ich das erste Mal mehr als 50.000 Mark auf dem Konto hatte, bin ich frühmorgens um neun zur Bank gegangen und habe gesagt: »Ich würde gern 50.300 Mark abheben. Bar. 1.300

Mark in Hundertern, den Rest Zehner und Zwanziger. Ach, und legen Sie noch ein paar Rollen Silbergeld dazu.«

So machte ich die Bekanntschaft eines sehr netten Zweigstellenleiters, den ich aber eine Spur zu neugierig fand. Was geht es ihn an, was seine Kunden mit ihrem eigenen Geld treiben wollen?

Zwei Stunden lang tat er so, als müsse eine solche Summe Bargeld erst bei der Druckerei bestellt werden. »Na gut, wenn Sie mich nicht als Kunden haben wollen, dann kündige ich eben mein Konto.« Das sei doch übertrieben, sagte er, und in der Apotheke bekomme man vieles auch erst am nächsten Tag – wenn man unbewaffnet danach fragt.

Also bestellte ich das Geld und kam am nächsten Tag wieder, genau eine Sekunde vor Geschäftsschluß. Am übernächsten Tag erschien ich das nächste Mal, diesmal um das Geld wieder einzuzahlen. Dazwischen lagen 22 Stunden Hochgenuß*:

Geldzählen ohne Ende! Scheine in die Luft werfen! Mit Scheinen nackt vor dem Spiegel posieren! Das Geld nach Seriennummern bündeln und nachdenklich betrachten. Gut durchmischen. Und dann das Geld nach Baujahr und Grad der Abnutzung neu ordnen. Geil.

Nachmittags ging ich spazieren, mit 23.863 Mark in der Tasche. Zwei

* Wieviele Überstunden mußte das Zweigstellenteam insgesamt machen, wenn die Rückzahlung wegen des Nachzählens doppelt so lange gedauert hat wie die Abhebung?

pralle Packen Scheine. Ist das aufregend! Da merkt man erst mal, wieviele Passanten kriminell aussehen!

Der Spaß kostete mich die 8,20 Mark Zinsen, die mir die 50.000 an dem Tag gebracht hätten. Eigentlich ein billiges Vergnügen, dachte ich, und seither gönne ich es mir einmal im Monat. Neulich traf ich wieder den Zweigstellenleiter, und er erkundigte sich: »Steht Ihr Angebot von damals eigentlich noch?«

»Welches?«

»Das mit der Kündigung.«

Terminplanung

Aufsteigern wird geraten, jeden Tag bis auf die Sekunde durchzuplanen. Die Idee stammt von der Firma Filofax und wird von allen Karrieristen so vollständig befolgt, daß man gar nicht sagen kann, ob das was bringt.

Typischer Tagesablauf des Aufsteigers

Wer reich werden will, muß früher aufstehen. Dieter Bertram, ein feinnerviger Musiker, hatte sich vorgenommen, Michael Jackson einkommensmäßig zu überholen. Um besonders früh aufzustehen, hatte er eine einzigartige Methode ausgetüftelt: Er verstellte an seinem Radiowecker die Weckzeit. Leider tritt Dieter immer noch auf der Stelle, weil er einen festeren Schlaf hat als Michael Jackson. Auch Michael tritt immer noch auf der Stelle, aber das hat er für teueres Geld als »Moonwalk« verkauft.

Mit Hilfe einer Zeitschaltuhr beginnt mein Freund Bernd die tägliche Arbeit an seiner Karriere: Kurz vor sechs wird das Schlafzimmer in Flutlicht getaucht. Bernd schlägt im Halbschlaf die Augen auf und starrt an die Decke. Zwischen zwei fetten Stuckengeln hängt eine riesige Fotokopie: »Du kannst es schaffen!«*

Nun setzt sich ein Kassettenrekorder in Bewegung. »Du kannst es schaffen«, sagt der Sprecher. »Ja, du kannst es schaffen!« Zwischendrin immer ein bißchen Applaus zur Aufmunterung.

Davon wacht Bernds Freundin auf. Sie weiß, was sie morgens zu tun hat, und murmelt enthusiastisch: »Du wirst es schaffen, Bernd. Ich bin mir sicher – du wirst es schaffen.« Dann grummelt sie noch: »Ich glaube an dich, ich weiß, daß du es schaffen wirst.« Sie will keinen Ärger und muß erst um acht aufstehen. »Weiter so, Bernd, ganz super!«

Nun dreht sie sich um und hofft, daß Bernd bald verschwindet, damit sie

* Bernds Freundin fühlte sich durch Fotokopie und Stuck zur Diät ermuntert, wollte dann aber ihren Körper nicht länger vergewaltigen als zwei Tage.

wenigstens eine Stunde vernünftig schlafen kann. 300 Mark kostete die Kassette, die in der Nacht positives Denken absondert. Leise, aber eindringlich. Die ganze Nacht – seit zwei Monaten! – Sphärenklänge und dazu eine beruhigende Schmeichelstimme: »Du kannst es schaffen«. Bernds Freundin denkt nicht besonders positiv über positives Denken.

Neulich traf Bernds Freundin in der U-Bahn auf einen Mann, der sie nach der Uhrzeit fragte. Mit genau dieser Stimme. Vier Mann mußten sie zurückhalten.

Bernd duscht kurz und treibt dann Gymnastik. »Du wirst es schaffen«, sagt die Kassette, als hätte sie sich in der Zwischenzeit schon selbst überzeugt.

Zum Frühstück sagt die Kassette wieder »Du schaffst es«, und damit ist nicht nur das fünfte Brötchen gemeint.

Auf dem Weg ins Büro ist Stau. Die Kassette sagt: »Du mußt nur wollen!« Bernd denkt: »Weiß ich, du Arsch!« und spult vor.

Auf dem Parkplatz vor der Firma sieht man Bernd mit niedergeschlagenem Blick gesetzt in Richtung Eingang gehen. Was ist los? Lee Iacocca, der Mann, der Chrysler wieder flott gemacht hat, hat einmal geschrieben: »Das Geld liegt auf der Straße.« Bisher hat Bernd nichts gefunden, ist aber dank konsequenter Bodenbesichtigung seit Monaten nicht mehr in Scheiße getreten.

Bernd wartet auf den Fahrstuhl und grübelt. »Wieviel wohl in diesem Moment zusammenkäme, wenn ich alles Geld auf einen Haufen werfen würde, das genau jetzt auf den Straßen der Welt liegt?« Im fünften Stock überlegt er sich dann, wieviele Menschen in der ganzen Welt wohl während seiner Fahrstuhlfahrt in Scheiße getreten sind. Im Flur: »Wenn man aus Scheiße Geld machen könnte . . . «

Während er gleich nach Arbeitsbeginn die wichtigsten privaten Dauerferngespräche mit Freunden in Australien führt, mustert er sein zu kleines Büro und fragt sich: »Was kann man in der Firma unbemerkt mitgehen lassen?«

Bernd hat sich eine Zeitung mitgebracht, weil er noch einen Nebenjob zum Schwarzarbeiten sucht. Wird aber nichts angeboten außer nebenberuflichem Versicherungsvertreter – und das ist unter der Würde eines hauptberuflichen Versicherungsvertreters.

Weiterblättern zum Börsenteil. Bernd führt penibel Buch über die Kursentwicklung seines Aktienpaketes. In nur zwei Jahren 150.000 Mark Reingewinn – wenn er damals die 300.000 Mark zum Anlegen gehabt hätte.

Bernd wirft einen Blick in die Kontaktanzeigen. Es gibt immer jemanden besseren. Jemanden, der nicht nur mitzieht, sondern auch selbst was mitbringt. Beispielsweise Kapital! Oder wenigstens positives Denken.

Mittagspause. Bernd ißt ein Butterbrot, bestreut mit Zucker, und vertritt sich die Füße. Wie jeden Tag führt ihn sein Weg in die Bank. Und welcher Weg wird ihn aus der Bank führen? Er hat sich noch nicht entschieden, welche der beiden favorisierten Routen er sich nach der für nächste Woche Freitag geplanten Sonder-Abhebung (wegen Neukauf eines Mercedes) lieber freischießen will.

Bernd macht eine Stunde vor Feierabend Feierabend. Im Supermarkt steht er lange grübelnd vor den Regalen und entscheidet sich dann, heute nicht zu

kochen, sondern essen zu gehen. Mal sehen, welcher seiner Freunde zuhause ist.

Stunden später: Kaum hat Bernd zu Ende gegessen, packt er die Reste der Mitesser für seine Partnerin ein. Auf dem Heimweg gleitet sein Blick wieder über den Asphalt, falls schon wieder neues Geld auf der Straße liegen sollte. Ausnahme: jemand fährt ihn nach Hause. Dann fingert Bernd Münzen aus den Ritzen der Rückbank.

Wenn weder WISO-Tips noch »Nepper, Schlepper, Bauernfänger« im Fernsehen kommt, liest er ein gutes Buch über die Kunst, Menschen zu beeinflussen: »Reich in 30 Tagen ohne Geld mit links und ohne Arbeit«.

Dann beim Umkleiden und Zubettgehen mit seiner Partnerin kommt die schwierigste Übung des Tages: Immer noch positiv denken.

Erprobte Methoden des Reich-Werdens

Reich werden durch Sparen

Überall lassen sich kleine Einschnitte machen, und Kleinvieh produziert bekanntlich auch Mist. Ich sprach kürzlich mit einem Millionär, der nur bei Aldi kaufen ließ. Er sagte mir: »Die Deutschen werfen jedes Jahr unzählige Millionen aus dem Fenster, weil sie glauben, im Supermarkt gehe es um Pfennige – nur weil es dort nur um Pfennige geht.«

Das ist dumm, da hatte er recht.

»Bescheuert ist das sogar!«, sagte er, »auch eine Million besteht im Prinzip aus Pfennigen. Pfennige sind die Atome des Reichtums.«*

Sehr gute Einsparungsmöglichkeiten bieten sich nicht nur an der Aldi-Kasse, sondern auch bei gemeinsamer Kasse. Man muß nur zwischen »notwendigen« und »überflüssigen Ausgaben« unterscheiden lernen, also zwischen »meinen« und »deinen Ausgaben«.

Wo wir gerade beim Psychologischen sind: Charakterlich ähneln sich die Lebensgefährten von angehenden Millionären sehr: Arme Partner sind immer verschwendungssüchtig, vermögende dagegen geizig.

Doch damit ist die Frage noch immer nicht beantwortet, ob sich Sparen lohnt. Ein prominenter Millionär sagte mir einmal: »Wissen Sie, warum ich so unglaublich viel eingenommen habe? Weil ich soviel unglaublich viel ausgegeben habe – und zwar bevor ich irgendwas eingenommen habe.«

* Dieser Satz ist einer der am häufigsten zitierten Geistesblitze von mir, und dieser freche Milllionär hat ihn als seine eigene Denkleistung ausgegeben.

Ein anderer Multimillionär aber sagte mir keine Woche später: »Es gibt nur ein Geheimnis, wenn man reich werden will: jeden Groschen solange umdrehen, bis die anderen ungeduldig werden und die Rechnung übernehmen.«

Was denn nun?

Die meisten Reichen schwören auf einen Kompromiß: Großzügig in den großen Dingen, kleinlich in den kleinen.

Reich werden durch tolle Geschäfte

Der heute auf 80 Millionen Barvermögen geschätzte Heinz Gettert stellte sich vor sechs Jahren mit leeren Taschen auf ein unberührtes Fleckchen Erde und sagte: »Ich habe eine Vision. Genau hier muß eine Pommesbude hin.«

Heute steht an genau dieser Stelle ein prächtiger Marmorpalast mit verspiegelter Glasfront und raffinierter Beleuchtung. Auf fünf Etagen kann man hier alles bekommen, was der menschliche Erfindergeist aus Pommes machen kann: Pommes rot und Pommes weiß, aber auch Pommes rotweiß, Pommes natur mit Salz und eingebautem Radiowecker sowie Kau-Kugelschreiber mit Pommesgeschmack – und alles aus vergoldeten Fritteusen. Auch die Kultur kommt nicht zu kurz: Sein weltberühmtes Bratfettmuseum ist rund um die Uhr in Betrieb und zeigt siedende Antiquitäten im Dauereinsatz.

In Amerika gibt es pulsierende Großstädte, die rund um eine Pommesbude errichtet wurden! Und ihre Gründer hatten den richtigen Riecher, lange bevor es einen bräunlich triefenden Grund zur Übelkeit gab.

Auch in der Immobilienbranche gibt es immer was zu verdienen. Vermakeln Sie ihren Kunden preiswerten Grundbesitz, auf dem man in kürzester Zeit hochprofitable Eigenheime oder Wohnsilos hochziehen kann – sobald sich die Wüstengürtel der Welt soweit ausgedehnt haben, daß man auch in den Sümpfen von Florida eine trockene Baugrube ausheben kann.

Neue Märkte erschließen!

Machen Sie es der Kartoffel nach: treten Sie einfach einen Siegeszug an. Von wo, ist egal. Wohin, auch. Hauptsache, die Jungs dort hatten den Mist bisher noch nicht im Regal.

Immer geht es nur um das Eine: die zündende Geschäftsidee. Der leider nicht unsterbliche ehemalige bayerische Ministerpräsident Franz Josef

Strauß verkündete bei jeder Gelegenheit, er könne sich vorstellen, aus gegebenem Anlaß umzusatteln und Kühlschränke in Alaska zu verkaufen. Damals sah der große Visionär allerdings nicht, wieviel lukrativer für ihn eine Karriere als Hütchenspieler gewesen wäre.

Reich werden durch Verbrechen

Lange Zeit war der Verbrecherberuf in unserer Gesellschaft nicht gut angesehen. Das hat sich geändert, seit alle angesehenen Mitglieder unserer Gesellschaft verbrecherisch tätig sind – wenn auch teilweise nur verschämt oder nebenberuflich.

Dennoch wird es ein paar Jahre dauern, bis es auch auf deutschen Fragebögen nichts Ungewöhnliches mehr ist, in das Feld »Beruf« die Bezeichnung »Berufsverbrecher« einzutragen und in einer Reihe zu stehen mit Zahnarzt, Baurat oder Kfz-Fachhändler. Derzeit muß man sich als Berufsverbrecher leider »Kaufmann«, »Geschäftsmann« oder »Makler« nennen, obwohl man deutlich höher qualifiziert ist und deren schlechtes Image nicht verdient hat.

Schon heute aber sollte man sich die Frage stellen: Lohnt sich Verbrechen eigentlich?

Es lohnt sich immer! Selbst wenn es schief geht. Durch ein klug ausgewähltes Verbrechen werden Sie schlagartig prominent und machen Ihren Schnitt, wenn Sie bei der Inszenierung Ihrer Tat die Durchführungsrichtlinien des »Stern« beachtet haben. Nach der Haft sind Sie gerngesehener Talkshow-Gast.

Bestellen Sie das Team vom Reality TV an einen telegenen Tatort. Sie kassieren 500 Mark bei Gelingen Ihrer Lieblingsstraftat – und 10.000 bei Mißlingen.

Ein paar Jahre Gefängnis bringen jede Persönlichkeit zur Reife. Außerdem ist im Bau alles gratis. Keine Stromrechnung, Miete null, Vollpension umsonst. Während konventionelle Jungunternehmer in superteuren Wochenendseminaren pauken, lernen Sie dasselbe und mehr völlig kostenlos. Und endlich finden Sie die Ruhe, um Ihren nächsten Schritt in die Selbständigkeit sorgfältiger zu planen.

Die Jahre in der Dunkelzelle graben sich in Ihr Gesicht ein. Man sieht Männern ihre ungewöhnliche, wildromantische Lebensgeschichte an, und ihre Chancen, reich zu heiraten, steigen enorm. Genauso üppig ist der Markt für das unregelmäßig gemusterte Leder eines künstlich gereiften Frauengesichtes. Vorbestrafte Frauen erregen den ritterlichen Retter mit Geld zu seinem »Ich hol dich da raus.« Männer mit dunkler Vergangenheit können am Kamin kurzweilige Schmonzetten erzählen – »Eines stürmischen Herbstabends, ich war völlig ahnungslos, begann die Geschichte eines der unglaublichsten Justizirrtümer . . . «

Ab in die Karibik . . . !

Man muß nur ein saugut geplantes Ding konsequent über die Bühne bringen, und dann ab in die Karibik mit dem ganzen Geld! Dort Kopf in den weißen Sand stecken, bis in ein oder zwei Jahrzehnten Gras gewachsen ist über ihn und die Serie von Kaugummiautomatenplünderungen. Dann wieder zurück nach Deutschland und die verdammten Münzen endlich eintauschen!

Vor jedem Untertauchen sollten Sie einen Abstecher nach Brasilien plus 20.000 Mark Spesen einplanen. Überlegen Sie sich rechtzeitig, wer Sie dort zu wem operieren soll.

Empfehlenswerte Verbrechen

Auch der Laie erkennt den Unterschied zwischen Bankraub mit stundenweiser Geiselerschießung und jenem betrügerischem Gitarrenspiel, bei dem ein skrupelloser Straßenmusikant den Beatles ihre GEMA-Gebühren vorenthält. Außerdem spielt er gar nicht Gitarre, sondern das alles ist Playback, und die Beatles-Rechte hat längst Michael Jackson gekauft.

Aber welche Verbrechen bringen es wirklich, welche kann man sich getrost sparen?

Raub und Überfall

Das klassische Gewaltverbrechen ist etwas aus der Mode gekommen. Mit Strumpfmaske und erlaubnispflichtigem Gerät aus russischen Besatzungsbeständen können Sie dennoch Achtungserfolge erzielen. Aber bitte: ziehen Sie sich geschmackvoll an und übertreiben Sie bei Ihrem Auftritt nicht. Oder wollen Sie sich blamieren, wenn ganz Deutschland den Mitschnitt Ihres Charakterstücks in »XY ... ungelöst« begutachtet und dann über Ihren peinlich schlecht simulierten ausländischen Akzent ablacht?

Die Gage liegt pro Auftritt bei durchschnittlich 30.000 Mark. Kaum mehr als 20 derartige Einsätze als Gewaltverbrecher, und schon sind Sie durch das Grobe aus dem Gröbsten raus.

30.000 Mark sind zwar nur ein Zehntel dessen, was Pavarotti verlangt, aber Sie können ja von diesem begabten Knödeltenor lernen: Fordern Sie beim nächsten Mal im Schalterraum der Sparkasse Chemnitz-Ost nicht wie üblich »Geld her!«, sondern sagen Sie stattdessen: »Ich verlange 300.000 Mark, genau wie Pavarotti.« Und lassen Sie sich nicht runterhandeln, wenn die zahlungspflichtigen Ostler auf der Mündungsseite Ihrer Feuerwaffe noch nie etwas von diesem Pavarotti gehört haben.

Gegen jede Art störender Selbstzweifel mischen Sie eine Minute vor Arbeitsbeginn Kokain mit Backpulver* und rauchen es.

Noch ein Hinweis: Auch wenn Sie Gefallen am Blutvergießen an sich gefunden haben, sollten Sie über dem Spaß am Gemetzel nie vergessen, daß Sie darüber die Habgier nie vergessen dürfen.

Einbruch

Der aufstiegsorientierte Heimwerker besorgt sich in der Bauhaus-Filiale das nötige Werkzeug, und schon geht es los. Beschränken Sie Ihre Kreativität nicht auf die Privatwohnungen im Bekanntenkreis, zu denen Sie einen Schlüssel besitzen. Denken Sie auch an die eigene Nachbarschaft. Und bitte: fahren Sie nachts nicht ständig ohne Licht herum, wenn Sie sich die Sonnenbrille tief ins Gesicht gezogen haben.

Rauschgift

Drogenschmuggel hat den Vorteil, daß man während der lukrativen Arbeit fremde Länder und Kulturen kennen und lieben lernt. Der Handel in Deutschland macht natürlich auch viel Spaß, speziell, wenn man selbst sein bester Kunde ist.

Falschgeld

Wenn sie mit ganz neuen Geldscheinen aus dem Bankautomaten bezahlen, überkommt viele Menschen ein zwanghafte Neigung zur Selbstbezichtigung. »Die habe ich gerade selbst gedruckt«, sagen sie und lachen stolz. Meist lügen sie.

Es kann allerdings vorkommen, daß der Bankautomat mal ein paar gefälschte Hunderter ausgespuckt hat. Als mir ein Freund erzählte, wie ihm genau das passiert war und es, kaum daß er es bemerkt hatte, von der Raiffeisenkasse unter vielen Entschuldigungen bereinigt worden war, ging ich schon am nächsten Tag zu meiner Bank. Ich legte der Sachbearbeiterin einen Riesenberg Hunderter vor, die ich in der Nacht zuvor fotokopiert und mit Buntstiften koloriert hatte. »Die muß ich leider alle reklamieren«, sagte ich und behauptete: »Die kamen gestern alle aus dem Schlitz, als ich am Geldautomaten eine Million Mark abgehoben habe.«

Fast wäre ich reich gewesen, aber leider mußte ich dann stattdessen vier Jahre absitzen – nur weil ich vergessen hatte, vorher zur Tarnung eine Million am Geldautomat abzuheben.

* Handelsbezeichnung »Crack«

Deutsche Mark sind schwer zu fälschen – Hände weg, Karriereknick wahrscheinlich. Die besten Erfolge erzielt man mit Dollars. Alle Scheine haben dasselbe Format, alle dasselbe Papier und dieselbe Farbe. Besonders geschickte Fälscher kommen auf Traumgewinne, indem sie einen grünen Filzstift nehmen und stapelweise 10-Dollar-Noten zwei Nullen anhängen. Das klingt allerdings viel profitabler, als es in Wirklichkeit ist, denn man bekommt für eine erstklässig gefälschte 1.000-Dollar-Note nur etwa 200 Dollar echtes Geld von der Mafia.

Versicherungsbetrug

Wenn Ihr trotz Wuchermieten nicht sonderlich profitables Hochhaus dummerweise unter Denkmalschutz steht, können Sie es überversichern und – sofern Sie nicht genug Geduld haben, um den nächsten Krieg abzuwarten – warm abreißen. Ein paar Westmark Handgeld, ein Jumbo-Sixpack Super bleifrei, ein preisgünstiges Einwegfeuerzeug mit verständlicher Bedienungsanleitung – und schon wird das Doppelte des Verkehrswertes auf Ihr Postsparbuch überwiesen. Das freigewordene City-Grundstück verkaufen Sie nach dem Erkalten seiner letzten Mieter an Sony oder Mercedes.

»Ich habe augenblicklich kein Hochhaus«, wenden Sie vielleicht ein. Sie würden viel lieber irgendetwas völlig Wertloses millionenhoch versichern, Ihren Betrug abziehen, und dann ab in die Karibik. Auch das ist möglich! Versichern Sie einfach Ihren Lebensgefährten! Wertloser geht's nicht, die Prämien sind zivil, und es gibt eine unvorstellbare Menge vorstellbarer Todesursachen.

Genausogut können Sie auch sich selbst versichern und dann bei einem Segeltrip in der Karibik das Leihboot anzünden. Die Versicherung heftet Ihren Fall ab unter »FF« wie Fischfutter. Die drei Millionen, die Sie für die nächsten vier Jahrzehnte Ihres Lebensabends als Untoter in der Karibik brauchen, werden direkt auf das Konto des Begünstigten überwiesen. Wollen wir nur hoffen, daß dieser Begünstigte sich an Sie erinnert und Ihr Geld an Sie in die Karibik weiterleitet, statt sich selbst in die Karibik abzusetzen. Vielleicht sollten Sie auf der Versicherungspolice zur Sicherheit unter »der Begünstigte« Ihren eigenen Namen und Ihre Kontoverbindung in der Karibik angeben.

Vielen Betrügern liegt eher der Umgang mit der Hausratversicherung. Man benötigt nur etwa 80 bis 120 Wasserschäden, um sich eine Villa davon kaufen zu können.

Das fällt aber auf. Ein Realschullehrer kam auf einen besseren Trick: Er mietete bei Avis zum Wochenendtarif einen Sattelschlepper und versenkte ihn in einem unvorstellbar tiefen Bergsee. Dann ging er zu Aldi und sammelte alle liegengebliebenen Kassenbons des Tages auf. Der Versicherung schrieb er: »Ich wollte eine große Party geben und trug gerade die letzte Plastiktüte mit Sachen von Aldi in einen gemieteten Sattelschlepper von Avis, der vor Aldi in zweiter Reihe geparkt war, da sehe ich: Der Sattelschlepper ist weg. Nicht abgeschleppt, sondern geklaut. Zum Glück habe ich noch die Quittungen von all den Sachen, die ich bei Aldi gekauft hatte.«

Unterschlagung

Jemand gibt Ihnen zwei Koffer mit insgesamt 1,6 Millionen Mark in kleinen, aber dreckigen Scheinen. »Gehen Sie bitte zur Geldwäscherei Ecke Schillerstraße. Einmal waschen und legen.« Sie nicken, fahren direkt zum Flughafen, und dann ab in die Karibik. Oder noch besser direkt nach Hause, weil sich niemand vorstellen kann, daß Sie so doof sind.

Annoncieren Sie also gezielt unter »Stellengesuche« nach einer »anspruchsvollen Position, in der ich häufiger Geldkoffer mit Millionenbeträgen . . . «

Erpressung

Erpressung stellt höchste Ansprüche an Intelligenz, Organisationstalent und Gewissenlosigkeit des Millionärsanwärters, obwohl wiederum gilt: Der größte Verbrecher ist immer der, der sich unsere Forderungen leisten kann.

Von allen Erpressungsgeschäften lehnen wir nur das klassische Kidnapping ab. Nicht aus moralischen Gründen, aber die Reichen sind um jeden Fresser froh, den sie nicht selbst umbringen müssen.

Die Berufsgruppe der Erpresser hat einen Lieblingssatz: »Keine Polizei!« Verständnis für dieses Anliegen findet sie bei zwei verschiedenen Personenkreisen:

1. Adressaten, die auf den ersten Blick erkennen, wem das eben vom Briefträger per Einschreiben mit Rückschein zugestellte Ohr gehört.
2. Adressaten, die dafür bezahlen sollen, daß man ihr Geheimnis nicht an Finanzamt, Kripo oder der Regionalverwaltung der Mafia verpetzt.

Reich werden durch harte Arbeit

Von allen Versuchen, das ganz große und schnelle Geld zu machen, ist harte Arbeit immer noch die vernünftigste – wenn man sie anderen überläßt, also automatisch zu den Arbeit-Gebern zählt.

Was übrigens nicht heißen muß, daß man diese Arbeit bezahlt, nur weil der Arbeit-Nehmer sie genommen hat.

Der Chef sagt zum Angestellten: »Ich würde diese Arbeit bezahlen, wenn Sie sie so gemacht hätten, wie ich Sie gemacht hätte.«

»Aber Sie hätten Sie doch gar nicht gemacht«, sagt der Angestellte empört.

»Und seit wann bekommt man Geld, wenn man gar nicht arbeitet?«

Reich werden als Popstar

Setzen Sie sich vor den Fernseher und warten Sie eine Viertelstunde. Spätestens dann wird auf irgendeinem Kanal Phil Collins kommen. Schauen Sie genau hin. Was kommt Ihnen in den Kopf? Ein Satz: »Das kann doch jeder Vollidiot.« Nun sind Sie nicht jeder und schon gar kein Vollidiot, sondern nur ein ganz normaler Idiot und vor allem nicht musikalisch, aber andererseits: »Dann verdiene ich eben nur halb so viel wie Phil.«

In den Medien und auf dem Arbeitsamt wird der Popstarberuf immer verzerrt dargestellt, z. B. hinsichtlich der Arbeitszeiten. Arbeiten Popstars täglich rund um die Uhr? Ja, das tun sie, und oft sogar dreimal täglich – allerdings achten sie nur auf den Minutenzeiger.

Zwei Stunden An- und Abfahrt, 60 Minuten Vollplayback. Immer die gleichen Lieder. Und dann Kasse machen!

Phil Collins kassiert mit seinem Hobby Millionen und läßt sich von keiner Plattenfirma reinreden. Er hat die gesamte Produktion seiner Musik selbst in der Hand und verdient an jedem Arbeitsschritt. Den Großteil seiner Zeit verbringt er an einer Werkbank, wo er mit einer feinen Nadel die Rillen in seine Schallplatten ritzt.

Checken Sie mal mit der Stoppuhr, wieviele Minuten seiner letzten Scheibe Phil wirklich gesungen hat. Höchstens zwanzig. Gut, bestimmt hat er bei den Aufnahmen ab und zu seinen Einsatz verpaßt. Aber mehr als einen Nachmittag darf eine neue LP doch nicht dauern. Jetzt rechnen Sie mal den Stundenlohn aus!

Und soviel verdient Phil Collins, obwohl er seine Stimme benutzen muß und häßlich ist! Andere sind deutlich schlauer: Milli Vanilli beispielsweise wurden Millionäre durch stundenweises Haareschütteln, ohne je selbst singen zu müssen.

Größter Vorteil des Popstar-Berufes: Sie können so dämlich sein, wie Sie wollen. Und nicht nur das! Sie können sogar – und das geht eigentlich nur in dieser Branche – so dämlich sein, wie Sie sind.

Reich werden als Topmodel

Nehmen wir z. B. die vergleichsweise intelligente Claudia Schiffer. Sie hat unzählige Privatstunden genommen, und kann inzwischen sogar Reißverschlüsse fehlerfrei bedienen – obwohl sie nicht kapiert hat, wie sie funktionieren.

Der anspruchsvollste Teil ihrer Arbeit ist das Umziehen. Ansonsten sitzt sie in einem bequemen Sessel und läßt sich Make-up auftragen. Oder liegt betäubt auf einem Operationstisch.

Das stundenlange Lächeln vor der Linse bereitet ihr keine Schwierigkeiten. Sie hat soviel Humor, daß ihr ein Fotograf denselben Witz beliebig oft erzählen kann, und jedesmals lacht sie aufs neue. Das liegt natürlich auch an der Qualität des Witzes. Das erste Mal lacht sie über den Witz. Die nächsten Male lächelt sie, weil sie sich denkt: »Hey, den Witz kenne ich doch! Das war doch der einzige, den ich in meinem ganzen Leben auch verstanden habe, nachdem er mir erklärt wurde.« Alle anderen Witze blieben ihr unerklärlich – trotz Erklärung.

Nach jeder Fotosession bekommt Claudia Schiffer vom Fotografen einen versiegelten Umschlag mit der Aufschrift »Für den Fotografen« in die Hand gedrückt, und dann schärft er ihr ein: »Die Druckbuchstaben hier auf dem Umschlag bedeuten, daß du diesen Umschlag dem nächsten Fotografen geben mußt.«

Das tut sie auch, und jeder Fotograf befolgt die Anweisungen, die sich im Inneren des Kuverts befinden: »Lieber Kollege, beiliegenden Witz kannst du der Claudia beliebig oft erzählen. Jeder andere wäre trotz Erklärungsversuchen zwecklos. Nach der Fotosession stecke bitte alles in das Kuvert und klebe es zu. Gib es der Claudia für den nächsten Fotografen mit und vergiß nicht, ihr zu erklären, was die Aufschrift auf dem Briefumschlag bedeutet.«

Reich werden als bildender Künstler

Bei vielen Kunstrichtungen sind absolut keine Vorkenntnisse erforderlich, und trotzdem kann man Quadratmeterpreise um 100.000 Mark erzielen, vor allem nach dem eigenen Tod*. Der schon mit dem Anstreicherberuf überforderte Alkohol-Fan Jackson Pollock z. B. ließ einfach Farbe auf Leinwand träufeln und kassierte Millionen für etwas, was andere »Pfusch« und »Sauerei« genannt hätten. Der monochrome Maler Yves Klein neigte zu einer ordentlicheren Arbeitsauffassung. Er bepinselte riesige Leinwände mit nur einer einzigen Farbe. Natürlich arbeiteten Pollock, Klein und ähnliche Experten nur, bis ihre Assistenten nicht mehr krankgeschrieben waren.

Doch auch mit noch weniger Talent kann man es in der Welt der modernen Kunst zu Millionen bringen. Eine pfiffige Sekretärin schaltete in einer Kunstausstellung schnell genug. Kaum sagte einer der Besucher im Angesicht millionenschwerer Picassos: »Das kann ich auch!«, nahm sie das Talent unter Knebelvertrag. Sie brachte seine Sachen zu Christies, sobald das »Vorsicht, frisch gestrichen«-Schild entfernt werden konnte.

* Sie erinnern sich bestimmt an die Idee, vom Segeltörn in der Karibik nicht mehr offiziell zurückzukehren.

Reich werden als Erfinder

Große Ideen verändern die Welt – und machen ihre Erfinder reich. Oder wie der Erfinder der Stehlampe einmal launig formulierte: »Erfindungsreichtum schafft Erfinderreichtum.«

Erfinden Sie ein Produkt, das auf der Hand liegt, das einfach und billig zu produzieren ist. Erfinden Sie eine große Luxuslimousine, die 30 Jahre ohne Reparatur läuft und für 50% der Kosten eines kleinen Toyota im Stadtzentrum von Frankfurt hergestellt werden kann – trotz der dort üblichen Mieten und Sozialabgaben. Dann lassen Sie sich die Erfindung von einem namhaften Kfz-Unternehmen abkaufen und sind Millionär. Die weitsichtige Unternehmensführung sorgt dafür, daß Ihre Erfindung optimal ausgewertet wird: durch rückstandsloses Verbrennen.

Erfindungen, nach denen sich die Welt sehnt

Schluckimpfung gegen Aids
Nebenwirkungsfreies Kokain
Stopfset fürs Ozonloch
Designer-Vibrator

Die Sache mit dem Glück . . .

Die Glückssträhne

Woher wissen die Erfolgstypen, wann sie gerade Glück haben? 90 von 100 befragten Millionären antworteten: »Das habe ich im Urin.« Vor jeder Entscheidung nehmen sie eine Urinprobe, und dann rufen sie »Kaufen!« oder »Verkaufen!« – je nach Nachgeschmack hinten im Hals.

Glückssträhnen melden sich durch Zeichen, aber selbst Zeichen, die ziemlich eindeutig auf Glück hinweisen, müssen nicht unbedingt Glück bedeuten. Wenn Sie sich z. B. auf einem Autobahnparkplatz ins Gebüsch schlagen und einen blauen Müllsack mit 100.000 Mark finden, muß das nicht unbedingt Beweis einer Glückssträhne sein – auch wenn Sie bei der nachfolgenden Schießerei nicht getroffen, sondern nur fotografiert werden.

Wenn Sie nie eine Glückssträhne haben, bleibt Ihnen trotzdem ein Weg zum Glück: Klinken Sie sich bei jemandem ein, der eine Glückssträhne hat. Warten Sie am Roulettetisch so lange, bis jemand ausruft: »Ich habe eine Glückssträhne!«, und dann setzen Sie Ihr gesamtes Vermögen genau wie er. Halten Sie aber sicherheitshalber noch ein paar Scheine in Reserve, falls Sie den Glückspilz etwas später auf Schadensersatz verklagen müssen.

Führende Goldwäscher, Edelsteinschürfer und Schatztaucher berichten von juckenden Ohren, einem Ziehen im Knie oder seltsamen Zuckungen im Gesicht, wenn sie wieder mal vor großen Funden standen. Gehen Sie also künftig bei irgendwelchen Beschwerden nicht zum Arzt, sondern in Ihr Bergwerk, an Ihren Bergfluß oder in die Karibik (diesmal allerdings heißt die Parole: Ab zum Tauchen statt zum Abtauchen).

Das todsichere System

Eigentlich ist Glückspiel eine schwachsinnige Geldverschwendung, weil rein mathematisch der Veranstalter gewinnt. Andererseits haben eine Reihe kultivierter Menschen Hausverbot in allen wichtigen Casinos der Welt. Die meisten dieser Fälle wurden Opfer ihres Systems: Gleich nach Betreten der Spielbank haben sie ohne Ende harte Sachen in sich hinein geschüttet, dann durch Randale oder spontan ausgelebten Brechreiz Unverständnis erzeugt. – Andere sprengten ständig die Bank.

Jeder aufrecht geldgierige Mensch hat sich schon einmal gefragt: Wie komme ich ganz persönlich an das todsichere System? Wer keine Lust auf Selberrechnen verspürt, kann das todsichere System von Experten bekommen, die damit längst so reich geworden sind, daß sie es sich nun leisten können, ihre Unterlagen zu verschenken und, nur für den Versand, 500 Mark Bearbeitungsgebühr zu erheben.

Die meisten Menschen glauben natürlich, bei derartigen Systemen handele es sich um Schwindel. Mein Nachbar, der Roulettespieler Peter Zentlin, erklärte mir mal die wahren Hintergründe der käuflichen Spielsysteme: »Systemspieler können nun mal nur mit Chips umgehen, nicht aber mit echtem Geld. Kaum verlassen sie eine Spielbank als Millionäre, lassen sie sich von Anlagebetrügern abzocken. Wenn sie dann bis zum letzten Hunderter abgebrannt sind, gehen sie wieder ins Casino, um die nächste Million rauszuholen. Eines Tages aber werden sie nicht mehr reingelassen – Hausverbot. Nur müssen sie ihr todsicheres System verkaufen, um nicht zu verhungern.«

»Aber warum für nur 500 Mark?«

»Sie könnten es viel teurer machen. Aber das Geld würde ihnen sowieso durch die Hände rinnen. Also machen sie es relativ billig, so daß sich jedermann das todsichere System leisten kann. Dem Systemspieler mit weltweitem Hausverbot geht es nicht ums Geld. Er will die Casino-Mafia runieren.«

Lotto

Wer einmal drei Richtige im Lotto hatte, wird bis zu seinem Tod weiterspielen. Richtige machen süchtig. Lottospieler glauben nicht an den Gewinn, sie glauben aber die Geschichten, die sie über Lottogewinner in der Presse lesen. Und da wimmelt es von einfachen Bausparern, die gleich zweimal hintereinander den Jackpot geplündert haben – wenn die Journalisten in der Pressestelle der Lottozentrale gerade einen kreativen Tag hatten.

Es gibt eine todsichere Möglichkeit, sechs Richtige zu tippen: Man muß nur genügend Lottoscheine ausfüllen, nämlich ganz genau alle denkbaren Kombinationen. Dann hat man nicht nur sechs Richtige, sondern auch einen ganzen Haufen Scheine mit fünf Richtigen plus Zusatzzahl und so weiter.

Sehr viele Lotto-Fans ignorieren diesen sicheren Weg zum Gewinn. Sie fürchten, ihnen gingen nach den ersten acht Millionen perfekt ausgefüllter Scheine die Ideen für neue Zahlenkombinationen aus.

Das halte ich für eine Ausrede. Ich vermute, daß die meisten Lottospieler ganz einfach schreibfaul sind. Und sie neigen zur chaotischen Ablage – man traut sich nicht zu, in der Woche nach der Ziehung die unzähligen richtigen Gewinnscheine aus dem tonnenschweren Papierberg herauszufischen.

Das zweifellos Gefährlichste für einen regelmäßigen Lottospieler ist nicht die wirtschaftliche Ausblutung, sondern der Samstag der Ziehung. Seit die Annahmestellen am Freitag Abend geschlossen hatten, hatte man die gesamte Nachbarschaft und sogar sich selbst verrückt gemacht! »Wenn jetzt ›meine Zahlen‹ kommen ... !« Nicht auszudenken!

Wenn am Ende der Ziehung feststeht, daß man keine einzige richtige Zahl angekreuzt hat, atmet man einmal tief durch und sagt erleichtert: »Dann war es ja kein Weltuntergang, daß ich die Abgabe des Scheines vergessen und uns ein paar Mark Verlust erspart habe.«

Die Laune ist wesentlich angespannter, wenn unter diesen Umständen alle sechs Zahlen gezogen werden, die man seit zwanzig Jahren ohne Änderung tippt. Grund: Der Bundesgrenzschutz. Er ist schwer bewaffnet, vor allem die Jungs von der »Tippgemeinschaft GSG 9«.

Geldspielautomaten

Das sind die Apparate, in denen Sie Ihr Geld wechseln lassen können. Für ein Fünfmarkstück bekommen Sie 100 einzelne Markstücke. Einziger Nachteil: die Geräte sind oft defekt.

Roulette

Am Roulettetisch können Sie ganz schnell Millionär werden. Wenn Sie mit zehn Mark anfangen, müssen Sie nur dreimal alles auf die richtige Zahl setzen, und schon haben Sie fast 4,7 Millionen Mark – steuerfrei. Das gelingt allerdings nicht bei jedem Casino-Besuch.

Alte Hasen am Roulettetisch spielen nie ohne die Hilfe einer Glücksbringerin, wie sie in allen Spielbanken der Welt vor einem Mineralwasser allein an der Bar sitzen und leicht identifiziert werden können: Fragen Sie einfach: »Wollen Sie mir heute Abend Glück bringen?«

»Ja.«

Das war's.

Natürlich muß man auch rechtzeitig aufhören können. Eine gute Gelegenheit wäre z. B. der Moment, in dem Sie, gemessen am eingesetzten Geld, ganz genau nichts mehr haben.

Die schönsten Gewinne lassen sich an manipulierten Roulettekesseln erzielen. Trainieren Sie Schnell-Malen. Sie sprengen jede Bank, wenn Sie es schaffen, unbemerkt in sämtliche Felder des Roulettes die Zahl 14 zu pinseln. Dann setzten Sie immer auf die 14.

Pferdewetten

Wenn Sie gut mit Tieren können, eröffnen sich Ihnen schier unglaubliche Einnahmemöglichkeiten im Pferdebereich. Verhandeln Sie – natürlich immer unter vier Augen – von Pferd zu Pferd mit sämtlichen Pferden, und überreden Sie die Tiere, den Schlechtesten im Starterfeld gewinnen zu lassen. Dann setzen Sie alles auf eine Karte und kassieren eine unglaubliche Quote. Und für Sie bleibt immer noch der Bärenanteil, nachdem Sie mit den Pferden geteilt haben.

Pokern

Gefühlskalt, daß der Gefrierschrank neidisch wird? Beim Zahnarzt gewesen, und dann hat dieser betrunkene Berufsanfänger sämtliche Gesichtsnerven durchgetrennt? Probleme mit dem Einschlafen und daher kalkweißes Psychopathengesicht? Cowboystiefel das letzte Mal vor zweieinhalb Jahren ausgezogen, und inzwischen sind sie angewachsen? Unter diesen Umständen besitzen Sie alle Voraussetzungen für eine Millionärskarriere in Hinterzimmern mit einem Luftsauerstoffanteil bis unter 2,6 Promille (inkl. MWSt.)!

Hütchenspieler

Nehmen Sie ein paar Jugoslawen bei sich auf, werden Sie ein Team und wiederholen Sie nicht die typischen Fehler der Hütchenspieler: Seidig glänzende Trainingsanzüge in bunten Farben machen Ihre Gegner ebenso mißtrauisch wie der Bürgersteig als Arbeitsplatz.

Begeben Sie sich stattdessen nach Sylt oder Cannes und tummeln Sie sich nur an den ersten Adressen – immer unter Superreichen. Ihre Komplizen setzen kein Geld. Die sonst üblichen Hunderter zum Heißmachen wirken albern, Tausender animieren in dieser Umgebung auch niemanden. Spielen Sie ausschließlich um Schecks oder Grundbuchauszüge.

Bleiben wir bei den Schecks. Sie wedeln mit drei Blankoschecks herum und tragen dort die Summe ein, die Ihr Komplize als angeblicher Gegner wagen will. Das kann schon mal die Million oder das Einkaufszentrum sein.

Zum Schein gewinnt Ihr Komplize. So werden die wirklich Reichen unter den schnell zur Traube anwachsenden Zuschauern zum Mitspielen gereizt. An einem Nachmittag können Sie gut und gern auf 10 Millionen Reingewinn und zusätzlich ein oder zwei Einkaufszentren kommen.

Die menschlichsten Millionen

Muß man, um reich zu werden, Immobiliengeschäfte mit Fremden machen, seelenlose Börsenkurse verfolgen oder zum Verbrecher werden? Nein. Auch zarte Naturen können es zu Millionen bringen, selbst wenn sie sich nur aufs Menschliche beschränken.

Eltern melken

Sollten Ihre Eltern auf den Namen Thyssen oder von Fürstenberg hören, dürfen Sie ihnen einen vorwurfsvollen Unterton ersparen – sonst nicht.

Mein Freund Werner sagte es seinem Vater, einem Oberamtmann, klipp und klar ins Gesicht: »Wenn man seinen Kindern keinen vernünftigen Start ins Leben finanzieren kann, dann sollte man lieber auf Kinder verzichten.«

Sein Vater versuchte sich für sein wirtschaftliches Versagen zu entschuldigen, indem er mit seinem sozialem Engagement prahlte: »Ich habe mich ein Leben lang dafür eingesetzt, daß Abtreibung erlaubt ist – bis zum 18. Lebensjahr.«

»Erstens hast du das nur getan, weil du unter Muttis Pantoffel warst, und zweitens muß ich dir sagen: Selbst damit bist du gescheitert.«

Sagen Sie Ihren Eltern ganz offen, was Sie von Ihnen halten – nämlich dasselbe, was Sie von allen anderen Versagern denken. »Andere Kinder erben Hochhäuser mit 15 Etagen.« Nur Sie sollen sich mit acht Stockwerken bescheiden.

Andererseits: Was sollen Vorwürfe? Was geschehen ist, ist geschehen, und jetzt retten Sie, was zu retten ist. Setzen Sie sich mit Ihren Eltern zusammen und überlegen Sie gemeinsam, wo Ihre Eltern Ausgaben reduzieren könnten. Und Sie finden immer noch eine weitere, allerletzte, liebgewonnene Nische. Da müssen Sie streng sein: »Das geht schließlich alles von meinem Erbe ab.«

Was ist mit Arbeiten? Jetzt, wo Sie aus dem Haus sind, haben Ihre Eltern eine Sinnlücke zu füllen. Gerade Mütter können auch jenseits der 65 noch schön dazuverdienen. Und was versäumt Papi zu Hause, wenn er endlich mal ein paar Überstunden machen würde?

Wunderkinder produzieren und abrichten

Beginnen Sie mit dem Abrichten nicht zu spät. Etwa ab dem sechsten Schwangerschaftsmonat sollte der Nachwuchs mit der Musikrichtung vertraut gemacht werden, die dann die Millionen bringen wird. Setzen Sie auf Pop *und* Klassik, denn man weiß nie, ob das nächste Sorgenkind hübsch genug für die leichte Muse wird oder doch nur Geigerin oder Opernsänger werden kann – also so häßlich bleibt, wie bei der Geburt und damit einem Elternteil ohne Betäubung aus dem Gesicht geschnitten.

Die Schachausbildung sollte spätestens mit eineinhalb beginnen. Auch das Tennis-Training darf nicht erst im Kindergartenalter aufgenommen werden. Für Film und Fernsehen eignen sich Kinder jeden Alters. Welcher Film mit dem Nachwuchs gerade abgedreht wird, kann man nicht in jedem Falle allen erzählen*.

Nun mag man einwenden, Kinder wollten in den ersten Lebensjahren den ganzen Tag spielen. Aber wäre das nicht übertrieben? Würden zehn Stunden spielen nicht reichen? Mehr Tennis oder Bratsche täglich muß wirklich nicht unbedingt sein – kann aber.

Sollten Ihre Kinder das nicht auf Anhieb verstehen, müssen Sie sie mit sensibler Pädagogik zur Einsicht motiven. Achten Sie darauf, daß die Nachbarn Sie dabei nicht beobachten, sie könnten Verständnisprobleme haben.

Wunderkinder brauchen viel Verständnis. Und genau das geben Sie ihnen von der Wiege an, denn ein Wunderkind soll schließlich nicht am Beginn der

* Hinsichtlich bestimmter Liebesfilme teilen und unterstützen wir die Auffassung der Gesetzgeberin: Kinderschutz statt Videoschutz.

Verdienstphase scheitern, weil es nach jahrelanger Plackerei (auch und gerade der Wundereltern!) statt abzuräumen, ganz plötzlich mit den Anforderungen seiner undurchschnittlichen Existenz menschlich überfordert ist. Dem kann vorgebeugt werden. Ein Beispiel: Damit Ihr Sprößling lernt, mit der für alle Stars der Welt typischen Isolation fertigzuwerden, sollten Sie ihn rechtzeitig isolieren.

Um auch in diesem Falle Mißverständnisse mit der Umwelt zu vermeiden, sollten Sie folgenden Weg einschlagen: Wenn Sie Ihr Wunderkind planen, bitten Sie den ausführenden Arzt, bei der Befruchtung für Zwillinge zu sorgen, bzw. entsprechend künstlich nachzubessern für den Fall, daß nur ein Kind aus seinem Samen gewachsen sein sollte.

Sobald die Zwillinge entbunden sind, melden Sie bei den Behörden nur ein Kind. Dieses offizielle Kind übernimmt Tarnungsaufgaben wie Rumtollen mit anderen Kindern und Schulbesuch – während das andere eisern auf den vorderen Weltranglistenplätzen die Familie ernährt.

Je mehr Kinder Sie haben, desto größer sind Ihre Erfolgsaussichten. Bei nur einem oder zwei Exemplaren kann die Versagerquote schon mal bei 150% liegen. Der beste Beweis dafür ist das Schicksal Ihrer eigenen Eltern.

Noch dämlicher als die sind nur die Eltern der Wunderschwimmerin Franziska van Almsick. Sie wollten sich eine Gasheizung leisten, um endlich auf Kohlefeuerung verzichten zu können. Sie nahmen einen Kleinkredit auf, »demonstrativ«, wie es im Spiegel hieß, anstatt ihre Tochter (geschätzte Werbeeinnahmen pro Jahr ca. 1 Mio) zur Ader zu lassen oder wenigstens zinsfrei anzupumpen. Tja, es trifft eben immer die Falschen. Mutter Almsick (disqualifiziert allein schon durch die rotgefärbten Haare) bringt die Einstellung solcher Personen auf den Punkt: »Normal bleiben wir, ganz normal.«

Partner ausbeuten

Wer wird am Ende das Geld aus vollen Kräften verjuxen? Genau. Und eben dieser Partner des Karrieristen muß in der Startphase hart mit anpacken. Frauen aus den Lehrberufen Arzthelferin, Sekretärin etc. verlangen für ihre freiwilligen Aufbauschichten als Arzthelferin, Sekretärin etc. ihres Mannes kein Geld, aber sie bekommen auch keins. Andere geben ihre vielversprechenden Karrieren als Kellnerin auf, um dem Aufsteiger die Kosten für Putzfrau und Bordellbesuch zu ersparen.

»Wir heiraten, wenn wir es geschafft haben«, verspricht er. Da man es aber nie wirklich geschafft hat, wird erst mal nichts draus. Ersatzweise kann man sich ja trennen.

Erfolgstypen haben zwar nie Zeit, aber sie treffen interessanterweise kurz vor dem großen Durchbruch jemanden, in den sie sich Hals über Kopf verlieben. Man ist halt trotz allen Aufstiegs romantisch, wenn die neue Bekanntschaft Geld hat und sich durch die Gnade der zehn Jahre späteren Geburt vom aktuellen Partner abhebt.

Reich werden durch Heirat

Wie in allen Geldangelegenheiten: kalkulieren Sie vor Beginn jeder Ehe ganz genau, auf welchen Stundenlohn Sie als Partner kommen würden.

Sie haben die Wahl zwischen zwei akzeptablen Ehemodellen:
1. Einmal zuschlagen, aber dafür gleich richtig.
2. Oft heiraten, und jedesmal bleibt was hängen, wenn der Partner einen tödlichen Unfall oder einfach nur keine Lust mehr hat, in der Hölle zu leben.

In beiden Fällen allerdings gilt: Grundsätzlich niemanden mit Eheschwüren behelligen, der kein ernsthaftes Vermögen mitbringt! Erfahrene Mehrfachwitwen und Heiratsschwindler sind sich einig: Der Nachfolger sollte immer reicher als seine Vorgänger sein. Starten Sie also am besten mit einem ganz reichen Ehegatten – oder denken Sie ihn sich aus. Der nächsten Bekanntschaft können Sie dann erzählen, woran Sie bereits gewöhnt sind.

»Du bist nicht ganz meine Kragenweite«, entnimmt der Kandidat Ihren Ausführungen und wird Sie nun durch Großzügigkeit beeindrucken wollen. Schmuck etc. müssen Sie nicht zurückgeben, selbst wenn der Dämlack, der unbedingt Ihr Gatte werden will, nie über eine Kandidatur für diese Planstelle hinauskommt, weil er z. B. viel zu jung und gesund für Sie ist.

Nur rein menschlich kann es lohnend und gesund sein, als Erfolgsmensch jemanden ohne Geld zu heiraten. Die Ehe mit einem Habenichts ist für Reiche die einzige Form von Wohltätigkeit, bei der man seine Schützlinge quälen kann und trotzdem Applaus von allen Seiten bekommt.

Berufssohn

Nichts ist schwieriger, als ein Leben als Berufssohn zu führen. Woher soll man sie nehmen, wenn man sie nicht hat: die Eltern, die einen Berufssohn finanzieren können?

Nun, mit etwas Geschicklichkeit kann man sich seine Eltern aussuchen, muß aber deren Tochter als Frau in Kauf nehmen. Sollte der Schwiegervater gewisse Ressentiments wegen Ihrer Vorstrafen hegen, ersetzt der Berufsschwiegersohn die Pille seiner Freundin durch »Tic Tac« (die neue Taktik). Der Berufssohn sollte im übrigen nichts gegen rubenshafte Formen einzuwenden haben – sonst wäre die Tochter ja längst unter der Haube.

Wo lernt man reiche Partner kennen?

Den ganz intimen, privaten Langzeitkontakte zu Reichen knüpfen Sie an folgenden Orten:

Schönheitsheitsfarmen
Kurhäuser
Privatkrankenhäuser (Entziehungskuren)
Internate
Sommersitze
Ferienorte (Marbella, Kampen auf Sylt, St. Tropez, St. Moritz, Cannes)
Schickeria-Lokale
Sechs-Sterne-Hotels
Luxus-Autoverleih
Starfriseure
Exklusive Geschäfte

Lassen Sie sich dort für das Aufreißen Ihres millionenschweren künftigen Ehepartners bezahlen. Oder werden Sie ersatzweise Kunde, wenn man Ihre Bewerbung um einen Job abschlägig bescheidet.

Other People's Money

So manches süße Leben geht auf den Reichtum der anderen zurück. Voraussetzung: Man muß die Kunst der Selbsteinladung beherrschen und ein ebenso dickes wie seidig glänzendes Fell besitzen.

Das Ziel muß immer sein, anderer Leute Geld ausgeben, während diese gerade damit beschäftigt sind, Nachschub zu verdienen.

Ihr Job ist es, das Geld zu verjuxen und sich sich ständig über alles zu freuen, was nicht Ihr Geld gekostet hat. Freuen Sie sich gut sichtbar!

Geben Sie sich immer bescheiden und dankbar: »Das sollst du doch nicht tun«, sagen Sie bei Geschenken ab 4.000 Mark. »Das muß ja ein Vermögen gekostet haben«, sagen Sie auch bei Dingen, die offensichtlich nur ein halbes Vermögen wert sind.

So machen Sie es anfangs. Nach drei Monaten kann Ihnen niemand vorwerfen, daß sich Ihr Geschmack etwas verfeinert hat. Nun können Sie eine eigene American Express Karte beanspruchen. Bei der Auswahl Ihrer Unterwäsche hat Ihr Gönner Vorschlags-, aber kein Mitspracherecht mehr. Der nächste Schritt ist die Umwidmung des Fahrzeuges vom Leihwagen zum Privatauto – *Ihrem* Privatauto. »Liebe und Leihen haben soviel miteinander zu tun wie ... wie ... « – und hier brechen Sie in Tränen aus, auch als Mann.

Ist doch wahr! Kerzenschein, Mondlicht, milde Sommernacht. Diner zu zweit, verliebte Musik. Kaviar, Champagner. Er holt eine kleine Schachtel aus der Jackettasche.

»Für mich?«

»Mach schon auf! – Nein, nicht den Reißverschluß.«

»Ich glaube meinen Augen nicht.«

»1,6 Karat, lupenrein. Mein Schatz! Für dich allein. Den leihe ich dir.«

Ist man noch ein Mann von Welt, wenn man seine Freundin so behandelt? Ja, aber seine Freundin ist schließlich nicht seine »Freundin«, sondern seine »Partnerin« oder »Lebensgefährtin« und demnächst auch seine Frau, wenn er sich scheiden lassen haben wird.

Wessen Geld können Sie ausgeben?

Der phänomenale Aufstieg meines Freundes Stefan begann so: »Eines Tages stellte ich mir die Frage, wer reich geworden ist von meinen ehemaligen Schulkameraden.«

Da schloß sich eine zweite Frage logisch an: »Was ist eigentlich aus denen geworden?«

Die Adressen beschafft für kleines Geld ein durchschnittlich begabter Privatdetektiv.

»Und dann hast du deine ehemaligen Kollegen der Reihe nach abgeklappert?«, fragte ich ihn.

»Erstens war es nur einer, und den habe ich im Winter in einen Fluß stoßen lassen.«

»Und dann seinen Mercedes 600 SL geklaut und ab in die Karibik?«

»Quatsch! Ich sprang auch in die eiskalten Fluten und rettete ihm das Leben. Kaum war er bei Bewußtsein, sagte ich: ›So ein Zufall, daß das Schicksal uns beide nach all den Jahren auf diese Weise zusammenführt.‹«

Erbschleichen

Die Kinder sind zahlenmäßig erwachsen und kümmern sich rührend um die Senioren, und sogar die fernere Verwandtschaft läßt sich täglich sehen. Dabei sind die Alten despotisch, launisch, ungerecht – und obendrein mittellos, ja geradezu arm. Nur glaubt ihnen das keiner. Das mag daran liegen, daß die ekelhaften Alten überall herumerzählt haben, es gäbe sagenhaft was zu erben.

Wenn Senioren kurz vor dem Ableben noch vollhängen mit Geld und Immobilien, sind ständig liebende Verwandte um sie herum, die ihnen freiwillig und gern helfen, auch und gerade bei der Beurteilung ihrer Bezugspersonen. Und wirklich herzensgut ist da eigentlich – leider, leider, denn man hat ja Familiensinn – nur einer: man selbst.

Sie sind anders als die anderen, denn Sie kümmern sich wirklich. Sie

schreiben Karten zu Weihnachten, zum Geburtstag, zu Ostern und immer mal wieder zwischendurch, »weil ich gerade an den liebsten Menschen denken mußte, den ich in der Welt habe und dem ich das Allerbeste wünsche!« – also an sich selbst.

Wer keine vernünftige Familie hat, kann sich folgendermaßen behelfen: Suchen Sie sich ein paar Leute, deren Leben sinnlos ist, obwohl sie bei guter Gesundheit sind. Bestärken Sie diese Selbstmordkandidaten in ihrem Weltschmerz und schließen Sie für jeden eine Lebensversicherung ab.

Geben und Nehmen

Kennen Sie die Glücksgefühle, die einen überkommen, wenn man an einer Baugrube für ein neues C & A-Kaufhaus steht und den Menschen mit den nackten Oberkörpern beim Arbeiten zusieht?

Nun stellen Sie sich vor, Sie seien der Boß! Das da unten in der Baugrube sind Ihre Leute. Die meisten stammen aus Polen und sind entsprechend preiswert in der Anschaffung gewesen. Prachtkerle allesamt und überglücklich über ihren Spitzenverdienst, denn in der Heimat müßten sie einen ganzen Monat arbeiten, um auf das zu kommen, was sie hier am Tag verdienem: sechs Mark West für jede 24-Stunden-Schicht!

Einer für alle, alle für einen. Jeder einzelne Ihrer Mitarbeiter arbeitet für Sie mit; monatelang, bis die Bude steht. Aber Sie haben ja auch für ihn mitgearbeitet – als Sie bei C & A den Auftrag an Land gezogen haben. Und es war ganz schön anstrengend, den Jungs von der Bauplanungsabteilung ihr Schmiergeld zuzustecken, ohne daß eines der anwesenden Thaimädchen was gemerkt hätte.

Tun Sie alles für ein gutes Betriebsklima. »Wir sind alle eine große Familie.« Wenn sich alle pudelwohl fühlen, wird die Arbeit praktisch schon zum Hobby. Und dann können Sie sagen: »Andere Leute müssen zahlen, wenn sie ihren Hobbys nachgehen wollen. Und ihr dürft umsonst in die Baugrube kommen.«

Dem Verdacht der ungerechten Verteilung muß vorgebeugt werden. Damit niemand auf den Gedanken kommt, Sie hätten Geld, sollten Sie nie Geld haben. Sie wissen selbst nicht, wovon Sie sich den nächsten neuen Mercedes kaufen sollen. Wenn Sie dann mit dem nächsten neuen Mercedes vorfahren, haben Sie schon wieder vergessen, wie sie das geschafft haben. Irgendwas mit Leasing, und Sie wollten gar nicht, Ihr Steuerberater hat Sie aber gezwungen. Sie hatten nur die Wahl: »Entweder nehme ich den neuen großen Mercedes, oder ich muß Mitarbeiter entlassen.« Da haben Sie selbstlos in den sauren Apfel gebissen.

Schulden

Ein Geschäft, das man ohne Schulden aufziehen kann, ist Schwindel. Da Sie kein Schwindler sind, leihen Sie sich im Bekanntenkreis ein bißchen Geld zusammen. Dann suchen Sie jemanden, der dringend Geld braucht, um seine Schulden zu bezahlen. Dem kaufen Sie zur Hälfte des eigentlichen Wertes sein Einkaufszentrum ab.

Dann gehen Sie zur Bank und zeigen dort Fotos von Ihrem Einkaufszentrum vor. Der Zweigstellenleiter ist begeistert und leiht Ihnen den doppelten Kaufpreis Ihres Einkaufszentrums (also den Realwert), weil Sie ja das Einkaufszentrum als Sicherheit hinterlegen können – lassen Sie sich aber nicht auf komplizierte Erdbewegungen ein: In Ägypten hat man zwar mal eine ganze Tempelanlage zersägt und ein paar Kilometer weiter wieder aufgebaut, aber das war doch etwas umständlich.

So, jetzt bekommen Ihre Bekannten ihr Geld zurück, und Sie machen Kassensturz: Sie haben ein profitables Einkaufszentrum und das geliehene Geld zum Kauf eines zweiten Einkaufszentrums, vorausgesetzt, Sie finden wieder jemanden, der ganz schnell sein Einkaufszentrum zum halben Preis loswerden muß.

Wie hoch ist die nervliche Belastung?

Verschuldete Optimisten

Schulden zu haben ist für den Optimisten ein unerträgliches Gefühl, besonders wenn es sich um vierstellige Beträge handelt. Ruhig schläft er erst, wenn er weiß, daß er seine Verpflichtungen durch normales Arbeitengehen niemals zurückzahlen könnte.

Gläubiger werden immer freundlicher, je mehr Schulden Sie bei ihnen haben. Wenn die Bank Ihnen dumm kommt, stellen Sie auf stur. Sollen die Herren doch pfänden, wenn sie alles verlieren wollen! »Diese hübsche Villa gehört meiner Frau.« Sie leben dort mietfrei zwischen den echten Picassos Ihrer Frau und fahren in einem der drei Wagen Ihrer Frau. »Ich bin ein moderner Typ, Herr Vorsitzender Konkursrichter, ich bin Hausmann.«

»Wie stellen Sie sich vor, Ihre Schulden in Höhe von 500.000 Mark jemals zurückzuzahlen?«, fragt der Zweigstellenleiter.

»Ich bräuchte nur einen weiteren Kredit über eine Million.«

Statt alles abschreiben zu müssen, wird man Ihnen lieber noch ein Milliönchen andienen, damit Sie Ihr Schwindelunternehmen wieder weltmarktfähig machen und in fünf Jahren mit dem Zurückzahlen des Darlehens hundert-Mark-weise beginnen können.

Sie könnten der Bank allerdings ein noch viel lukrativeres Geschäft vorschlagen: »Geben Sie mir einen Kredit über zwei Millionen, und die halbe Million Schulden, die ich momentan bei Ihnen habe, zahle ich Ihnen am selben Tag zurück.«

Unverschuldete Pessimisten

Sie haben es geschafft. Aber was heißt das schon? Morgen kann alles wieder wie gestern sein. Und gestern war alles schon schlimmer als vorgestern.

Lifestyle – gekonnt auf Pump leben

Schulden ermöglichen einen gewissen Lebensstil, erfordern aber auch einen gewissen Lebenswandel. Mein Freund Frank, der größte Schuldenmacher Bayerns, hat viele Firmen, aber nur zwei Angestellte: erstens sich selbst und zweitens noch eine Chefsekretärin, die er – zu einem 50stel seines Gehaltes – fürs Bedauern bezahlt. »Tut mir leid, aber der Chef ist gerade . . . « – keinesfalls im Hause, denn die Jungs von der Deutschen Bank und ihre Killer telefonieren vielleicht aus der Zelle gegenüber dem Büro.

Weil ich wissen wollte, ob Schulden sich lohnen, fragte ich ihn: »Wieviel fehlt dir noch zur ersten Million?«

»Momentan?« Er überlegte. »4,3 Millionen.«

Laufen Sie zufällig einem Ihrer Gläubiger über den Weg, versuchen Sie den Trick: »Das muß eine Verwechslung sein. Ich kenne Sie nicht.« Und sich selbst kennen Sie natürlich noch weniger. Werden Sie nun von mehreren Killern festgehalten, sagen Sie: »Sehen Sie das Veilchen hier und die Einschußnarben direkt neben dem Herzen?! Irgend so ein Trottel mit viel Schulden sieht mir verdammt ähnlich und wohnt auch noch in meiner Wohnung.« Und nun muß man darunter leiden, daß Fische schlecht sehen, ganz besonders Kredithaie.

Wenn es sich nicht vermeiden läßt, versprechen Sie einen definitiven Zahlungstermin. Immer wieder. Weil doch was dazwischen kam – ganz unvorhergesehen. Aber dieser Drahtseilakt hat natürlich auch mal ein Ende: die nächste Währungsreform oder den Bürgersteig, nach einem Freiflug aus dem achten Obergeschoß.

Im übrigen: »Geld zurück? Tja, äh ... – welches Geld? Daran kann ich mich nicht erinnern.« Inzwischen hat sich die Sache erledigt, denn *Sie* wissen genau, daß Sie längst quitt sind, auch wenn Sie vergessen haben, aus welchem Grund.

Wenn man Geld hat

Was tut man als einzelne Null, wenn nach der Eins sechs Nullen auftauchen? »Saublöde Frage«, gröhlen die fünf anderen Nullen Ihres Bekanntenkreises und sind sich sicher, sie würden die Million schon richtig behandeln: »Erst mal hoch die Tassen, Freunde, und dann schnurstracks zum Porschehändler.«

Ganz so harmlos ist die Sache mit dem plötzlichen Reichtum leider nicht, im Gegenteil . . .

Erste Panikreaktionen

Wahrheitsliebe

Pünktlich erscheinen Sie am Morgen nach dem warmen Regen im Büro. Die Kollegen wundern sich über den für Sie und Montage völlig untypischen Ausdruck auf Ihrem Gesicht: Sie lächeln von Ohr zu Ohr. Was ist das für ein seltsamer, dicker Regenschirm, so ganz ohne Gerippe und Stoff? Und was ist das für eine große Aktentasche aus Blech mit Schraubverschluß? Die Kollegen sehen sich stumm grübelnd an. Einer holt den Chef. Währenddessen öffnen Sie den Schraubverschluß und verschütten eine farblose Flüssigkeit in der ganzen Etage. Sie riecht irgendwie bekannt. Eigentlich genauso wie Benzin.

Der Chef kommt und will Ihnen gerade ein paar neugierige Fragen stellen. Sie erklären ihm an ihm als praktischem Beispiel, daß Ihr Regenschirm eigentlich eher im Baseballbereich eingesetzt wird. Kaum erwacht Ihr direkter Vorgesetzter aus der Ohnmacht, entschuldigen Sie sich bei ihm für die falsche Behandlung: »Tut mir leid, mein Führer. Ich weiß, das hätte ich jetzt wirklich nicht machen sollen – sondern schon viel eher.« Zur Entschuldigung ziehen Sie ihm noch eins über.

Dann spendieren Sie jedem Ihrer Arbeitskollegen eine kostenlose Persönlichkeitsanalyse. Viele der von Ihnen am häufigsten benutzten Wörter kennt keiner der Anwesenden, nicht einmal der Chef. Sie stehen auch nicht im Duden, weil die Dudenredaktion Angst hatte, daß ihr Bestseller als jugendgefährdend auf den Index kommen würde.

Nachdem alle wissen, was Sie von ihnen halten, drücken Sie zum Abschied jedem eine wertvolle Erinnerungsmünze in die Hand und erklären deren

besondere Anwendungsmöglichkeiten: »Das sind fünf Mark, kauf Dir eine Tiefkühlpizza dafür.«

Schließlich überreichen Sie eine Kündigung aus feuerfestem Material und werfen eine Kippe vor die Füße Ihres Chefs – direkt in die Benzinlache.

Etwas verspätet stellt Ihr Abteilungsleiter staunend fest, daß er Sie in all den Jahren unterschätzt hatte: »Da steckt ja ein kreativer Kopf mit ganz viel Fantasie unter der Glatze« röchelt er unter der Sauerstoffmaske im Krankenwagen.

Lokalrunde schmeißen

Hatten Sie auch schon immer Schwierigkeiten, sich vorzustellen, daß überall in Ihrer Wohnung, in jedem Wassertropfen, ja sogar in der Luft Millionen von Bakterien leben? Hielten Sie die Erzählungen von der Allgegenwart dieser kleinen Racker für maßlos übertrieben, wenn nicht sogar von der Desinfektionsmittelindustrie erfunden? Und dann änderte sich Ihr Weltbild schlagartig, als Ihnen jemand ein Mikroskop in die Hand gab.

Es gibt eine Sorte Mensch, die ist so verbreitet wie Mikroben und fast ebenso unsichtbar. Wenn Sie sie sehen wollen, müssen Sie nur rufen: »Alle Drinks gehen auf meine Rechnung!« Sie werden sehen: Geld ist so eine Art Mikroskop, mit dem sich zweibeinige Parasiten nachweisen lassen.

Bleibt die Frage, ob man sich die Freude einer Lokalrunde gönnen soll, wenn man ein paar Millionen gewonnen oder geerbt hat und im Freudentaumel das Bedürfnis verspürt, die Welt zu umarmen und allen einen auszugeben.

Vergessen wir die Intimitäten, bleiben wir beim Trinken. Stellen wir uns den harmlosesten Fall vor: Jeder bestellt nur ein Mineralwasser. Trotzdem ist Ihr Vermögen in null komma nichts weg bei der aktuellen Überbevölkerung.

Wenn Sie Sekt spendieren, haben Sie schon nach der ersten Runde zweistellige Milliardenschulden. Im Guiness-Buch der Rekorde stehen Sie als der Mensch, der in seiner Stammkneipe den größten Deckel aller Zeiten gemacht hat. Und danken? Danken wird Ihnen die fünf Milliarden Gläschen »Rotkäppchen« trotzdem keiner. Im Gegenteil, die Moslems sind beleidigt, weil es nur Alkohol gab.

Spontaner Fehlkauf

Der Briefträger hat sich die Übergabe der Geldpakete kaum quittieren lassen, da macht sich der Neureiche schon auf den Weg zum einschlägigen Fachhandel. Jahrelang hatte man davon geträumt, jetzt endlich kann man es sich leisten. »Ich möchte eine vollständige Taucherausrüstung mit allem Drum und Dran.«

Sensibel berät das Personal über die Vor- und Nachteile diverser Hersteller und Komponenten. »Sparen Sie nicht am falschen Ende.«

Und so kauft der Neureiche am Ende Maske, Schnorchel, Neoprenanzug und eine kleine Karibik-Insel.

Im weiteren Verlauf der Einkaufstour wird der fabrikwarme Daimler vollgepackt mit schicken Designermöbeln, super TV-Video-Kamera-Hifi-Anlage und der ganz, ganz großen Rolex. Von allem werden gleich fünf Exemplare gekauft. Erstens hat der Händler einem sehr dazu geraten, weil er ab fünf Stück im Preis nachlassen konnte; zweitens sollte man von allem eines in Reserve haben.

Geld zeigen und allen davon erzählen

Neureiche werden nicht müde, allen im Affekt von ihrem Geldsegen vorzuschwärmen und ihre Barschaft zu zeigen. Sie haben kein Privatleben mehr – bis es ihnen gelingt, ihren plötzlich unzähligen Freunden einen Kontoauszug mit roten Zahlen vorzulegen.

Das harte Leben der Reichen

Millionäre und andere Erfolgsmenschen besitzen weitaus mehr Fantasie als der durchschnittliche Angestellte. Doch was im Schlafzimmer ganz nett sein mag, kann in sämtlichen anderen Zimmern zur Qual werden. Stellen Sie sich vor, Sie stellten sich folgendes vor:

Horror Nr. 1: Totaler Zusammenbruch der Nachfrage

Nichts ist für einen Reichen grauenhafter als die Vorstellung, von einem auf den anderen Tag würden alle Menschen vernünftig. Gähnende Leere, verlegene Verkäuferinnen. Noch mal runter rennen zur Eingangstür. Ist auf! Blick auf den Kalender: Weder Sonntag noch irgendwas in der Art. Karstadt nebenan brummt. Nur bei Ihnen, dem Besitzer von C & A, naht das Ende unaufhaltsam. Man wird Ihnen alles pfänden, bis auf das einzige, was Sie schon immer loswerden wollten – Ihre Frau.

Stell dir vor, es ist Schlußverkauf, und niemand geht hin. Auf was wollen Sie so schnell umsatteln? Autoaufkleber?

Da kommen die ersten Kunden. Welche Erleichterung! Sie begrüßen sie mit Handschlag und fragen höflich: »Was kann ich für Sie tun?« Offensichtlich wollen sich die gut gekleideten Herren von Ihnen den Weg zum Kundenklo in der ersten Etage zeigen lassen. Dort schlagen die Jungs Sie dann zusammen und erinnern Sie an Ihre offenen Kreditschulden bei der Deutschen Bank.

Sie sind gesellschaftlich gestorben. Ihre feinen Kollegen von den anderen Kaufhäusern für Billigbekleidung meiden Sie, seit Sie ein Loser sind. Verlierertum steckt an, und es gibt noch kein Kondom dagegen.

Sie haben nur noch einen Menschen, der Sie häufig sehen will. Er ist Gerichtsvollzieher. Doch Sie fühlen sich in seiner Nähe unwohl. Er verdient runde drei Mille netto, und Sie hassen den Umgang mit Leuten, die eine soziale Schicht über Ihnen stehen.

Immer häufiger müssen Sie Menschen um etwas bitten. Gehen Sie allein auf die Straße, so bitten Sie: »Haste mal ne Mark?« Gehen Sie in Gesellschaft aufs Klo, so bitten Sie: »Erschießt mich doch endlich.«

Oder geben Sie sich einen Augenblick der Fantasie hin, Sie hätten folgende Fantasie:

Horror Nr. 2: Das Finanzamt

Blendgranaten fliegen durchs Fenster, Vermummte seilen sich durch den offenen Kamin ab, die Ehefrau reißt sich die Maske vom Gesicht und gibt sich als Mitarbeiterin der örtlichen Steuerfahndung zu erkennen. Kurz: »Wir haben da noch ein paar Rückfragen, Herr C & A.«

Unter der Folter gestehen Sie Bewirtungen im Familienkreis und privat gefahrene Kilometer im Firmen-BMW. Dann verläßt dieser legalste Flügel der RAF* die qualmenden Ruinen Ihres Bungalows, und eine Zeit quälenden Wartens beginnt. Warten auf das Ende. Warten auf Ihre restlose Vernichtung. Warten auf den Nachzahlungsbescheid.

Zeit genug für Sie, nun zu überlegen: »Wie konnten diese Schweine das rauskriegen? Wer war der dreckige Verräter? Sie schwören: »Ich werde ihn umbringen!«

Halblang, halblang, Selbstmord ist doch auch keine Lösung. Beim nächsten Mal sind Sie halt schlauer. 241 gutgehende C & A-Filialen, die Riesenvilla, drei Autos, zwei Ehen und zusätzlich eine Freundin, die Luxusreisen mit dem zuständigen Bekleidungsminister, die rauschenden Partys – und das alles von einsneun brutto? Das konnte ja nicht gutgehen.

»Ich hab nichts mehr, so glaubt mir doch!«, jammert Herr C & A. »Bitte, bitte, erschießen Sie mich!« Nein, den Gefallen tun ihm auch die Beamten nicht. Sie haben etwas viel Grausameres mit ihm vor: »Heben Sie die Hand und versichern Sie an Eides Statt . . . «

Horror Nr. 3: Intrigen und Verschwörungen

Sie wissen ganz genau, welchen perversen, sadistischen, egoistischen Spaß es manchen Leuten bereitet, anderen ein Messer in den Rücken zu rammen und dann im Uhrzeigersinn umzurühren – Sie wissen es aus eigener Erfahrung.

Nur daß es diesmal Sie trifft. Kaum haben Sie es durch Verschwörung und Intrigen zu etwas gebracht und dann auch noch Ihre Helfershelfer kaltgestellt, sind Sie nur noch eines: Zielscheibe für andere. Die ganze Welt denkt darüber nach, wie sie Ihnen das Genick brechen könnte.

Jedesmal, wenn das **Telefon** klingelt, wissen Sie genau, wer dran sein kann:

1. die Steuerfahndung
2. ein Erpresser
3. die Bank
4. der Killer der Konkurrenz (legt nach Stöhnen wieder auf)

* Der Bundesfinanzminister hielt es für eine gute Idee, die pfiffigen RAF-Mitglieder aus den 70ern und 80ern mit dieser ABM zu resozialisieren.

5. ein Verehrer aus dem Bereich Herrenunterwäsche (legt nach Stöhnen auf)
6. falsche Freunde
7. verwählt

Horror Nr. 4: Politische Wirren und Crash

Durch gnadenlose Hinterziehungstricks gelingt es Ihnen, nur 120 % Steuern zu berappen. Doch trotz Bestechung setzt Ihnen der Minister Ihren Satz brutal rauf und verordnet gleichzeitig eine Inflation.

Das Geld, das Sie auf der hohen Kante haben, ist nur noch das Papier wert, auf dem es gedruckt ist. Immerhin, werden Sie sagen. Aber erst mal müssen sie die Noten kostenintensiv bleichen, denn der Markt für bedrucktes Altpapier ist letzte Woche total zusammengebrochen. Und kaum sind die gebleichten Banknoten verkauft, geht ein Großteil des Erlöses für Bußgelder wegen Mißachtung der Umweltschutzauflagen drauf.

Also flüchten Sie. Erst in die Sachwerte, dann in die Karibik, vorausgesetzt, daß Sie noch genügend Sachwerte fürs Ticket haben – und ausreichend Lust, denn inzwischen haben Sie sich schon mehrfach aus verschiedenen Gründen in die Karibik abgesetzt, und irgendwie war der Service da unten jedesmal saumäßig.

Reiseprospekte behaupten immer, selbst ein Normalverdiener sei bei den Inselnegern ein echter Krösus. Das stimmt aber nur bis einen Tag vor dem Ablaufen des Touristenvisums. Beim Trinkgeldverteilen in den Amtsstuben der Karibik bekommt man eine neue Einstellung zur Ungerechtigkeit des Nord-Süd-Gefälles: Im Norden kosten Flüchtlinge Geld, hier im Süden verlangen sie von Flüchtlingen Geld.

Horror Nr. 5: Verbrechen

Sobald Sie anständig verdienen, stehen Sie auf allerlei Todeslisten. Mehrfachnennungen kommen auch vor, je nach Hausbank. Rote Brigaden wollen Ihren Mercedes sprengen, überall legen Attentäter auf Sie an, und dann ist da noch der Anwalt Ihres Intimpartners.

Schlafen können Sie nur während der Bürozeiten, nachts stört der Lärm, den Einbrecher veranstalten, wenn sie Schicht für Schicht Ihren Wandtresor aufsprengen.

Vor lauter Kriminalität verfetten Sie zusehens. Sie leiden sowieso schon unter Bewegungsmangel, und dann kommen jeden Tag ein Dutzend Idioten auf Sie zu und schreien: »Keine Bewegung oder ich schieße!«

Neben den eher harmlosen Profi-Gangstern und ihren Raubüberfällen, Einbruchdiebstählen und Kidnapping-Einsätzen haben Sie es noch mit einer Reihe von Amateuren zu tun. Einem Großteil dieser Dilettanten sind Sie dankbar, denn sie senken durch sich und ihr Erscheinen die Fütterungskosten Ihrer persönlichen Hundeschutzstaffel. Aber einige Hobby-Killer entgehen Ihren gefräßigen Mastinos, denn sie sind ziemlich schlau. Vor allem müssen Sie sich vor ehemaligen Selbständigen in acht nehmen, denen Sie früher unrealistische Mieten abverlangt haben. Von diesen Figuren werden Sie auf den Tod gehaßt, seit Sie realistische Mieten von ihnen forderten.

Jedenfalls entwickelt sich mit der Zeit und den Zeitungsausschnitten eine Angst vor Verbrechen. »Was kann ich tun?«, fragen sich alle Reichen in ihren

345 schlaflosen Nächten* pro Jahr. Das allgegenwärtige Verbrechen ruiniert einen. Wenn man eine Million schützen will, muß man eine Alarmanlage für 1,5 Million einbauen lassen.

Horror Nr. 6: Die falschen Freunde

Der Münchner Sebastian Walther, ein Multimillionär mit riesigem Aktienvermögen, wollte wissen, wie seine engste Umgebung wirklich über ihn dachte. Er versprach sich nicht viel davon, sich mit angeklebtem Bart als Fremder in seine Ehe einzuschleichen, sondern ging stattdessen eines Tages zur Bank, verflüssigte seine Aktiendepots und hob jeden Pfennig ab. Er ließ sich kleine Scheine geben, damit sein Vermögen noch gigantischer wirkte. Dann zählte er jedem Menschen, der ihm nahestand, mindestens eine Million auf die Hand. Ihm selbst blieben rund 400 Mark.

Was er im Laufe der nächsten Wochen herausfand, ist nicht genau überliefert. Bekannt ist nur, daß Walther alle seine Verwandten überlebt hat – wenn auch nur um Minuten: weil irgendwas klemmte, verzögerte sich der Wechsel des Magazins zwischen Amoklauf und Selbstmord.

Horror Nr. 7: Einsamkeit

Etwas provokant sagte ich einmal zu einem zynischen Karrieristen: »Eigentlich beneidenswert, wenn man keine Freunde hat: Dann muß man auch niemandem einen ausgeben.«

»Aber die Einsamkeitskosten steigen enorm. Ich sage nur Alkohol, Telefon . . . «

Zu den eben beschriebenen Horror-Visionen gesellen sich eine Reihe praktisch unvermeidlicher Probleme:

Die Qual der Wahl

Stellen Sie sich vor, Sie hätten einen richtigen Fuhrpark und müßten bei jeder noch so kleinen Besorgung entscheiden, welches Auto Sie nehmen.

Lust haben Sie auf das Fahrgefühl im Cabrio, aber Sie müssen einen geräumigen Wagen nehmen, weil Sie ja zum Juwelier fahren wollen. Sie sind seit Stunden angezogen, und zu Ihrer Kleidung passen nur warme Lackfarben.

* Ich setze 20 Nächte mit Schlaf ein, weil auch Reiche nicht völlig ohne Schlaf auskommen. Außerdem werden sie oft von Verbrechern bewußtlos geschlagen.

Aber Sie haben bloß sieben Autos in der Garage! Ihre Frau und die drei Kleinen sind mit den anderen unterwegs, und sämtliche Jaguars sorgen gerade für Arbeitsplatzsicherung in einem Unternehmen, das im letzten Jahr mit der goldenen Plakette »Teuerste Kfz-Werkstatt Deutschlands« ausgezeichnet wurde. Was nun? Merken Sie langsam, wie schwierig das Reichsein ist?

Sie gehen in den Garten, nachdem Sie sich im Flur für den weinroten Rover entschieden haben. Dann fangen die Schwierigkeiten erst richtig an. Sie wollen einerseits die Rosen schonen, aber andererseits: Wie sollen Sie den weinroten Rover auf die Straße vor Ihrer Villa rangieren, ohne gleichzeitig mehrere Beete umzupflügen? Er steht total ungünstig eingekeilt zwischen den beiden Daimlern, und verdammt, einer der Jaguare war gar nicht in Reparatur. Außerdem hat Ihre Frau den Alfa Spider saudoof abgestellt.

Was tun? Schließlich haben Sie es eilig.

Sie rennen zurück ins Haus und alarmieren das zuständige Personal: Der Diplom-Informatiker holt einen Computer heraus und startet ein eigens für Sie entwickeltes Rangierprogramm. Nach 15 Minuten Rechenzeit stürzt der Rechner ab. Sofort übernimmt ein Meisterschüler von Niki Lauda die Aufgabe und simuliert das Problem auf dem Schreibtisch mit Corgy-Toy-Spielzeugautos. Danach stürmt ein dritter Mitarbeiter (Niki Lauda) mit einem handgezeichneten Plan nach draußen und erledigt in Windeseile die notwendigen 1024 Rangiermanöver.

Keinen Moment überlegen Sie: »Soll ich lieber die Rosen opfern?« Nein, denn Ihre Frau liebt Blumen und weiß zuviel.*

»Ich habe nichts anzuziehen«

Selbst wenn sie soviele Paar Schuhe besitzen wie Imelda Marcos, können reiche Frauen sich nicht entscheiden, welches sie heute tragen wollen. Sie verbringen nackt ein paar Tage im begehbaren Einbauschuhschrank (der außer den Schuhen mehrere Gästezimmer und ein Privatkino enthält), und schließlich finden sie doch keinen Schuh, den sie spontan tragen wollen. Es bleibt das Gefühl: »Ich habe nichts anzuziehen.«

Und wenn die reiche Frau am dritten Tag hungrig und voll dringender Sehnsucht nach einem Toilettenbesuch zähneknirschend aus dem Schrank kommt, hat die Oper längst angefangen. Allerdings: versäumt hat man trotzdem nichts Wesentliches, es gab dieses Jahr nur den »Ring« in Bayreuth.

* Leider hat sie dieses Wissen bei mehreren Notaren hinterlegt.

»Ich weiß nicht, was ich kaufen soll«

Nichts von dem, was sie schon immer besitzen wollten, besitzen Sie doppelt – sondern meist drei- oder vierfach. Zur Einlagerung all dessen, was Sie besitzen, aber nie besitzen wollten, haben Sie kürzlich erst ein doppelt so großes Haus bauen lassen.

Und nun?

Damit Sie nicht verzweifeln, wurde der Berufsstand der Designer erfunden. Designer ersparen Ihnen die schlimmste Sinnkrise überhaupt. Sie entwerfen ständig all das, was Sie längst haben, neu. Den Designern allein verdanken wir die Erfindung des Wegschmeißens.

Kenntnisreichtum

Woran soll der Mensch noch Freude haben, wenn er alles schon kennt? Man hat schon alle Urlaubsorte besucht und für langweilig befunden. Alle Hobbys ausprobiert, alle Nerven bereits mehrfach gekitzelt. Alles Interessante, was man mit Geld kaufen kann, hat man sich wiederholt gegönnt – einschließlich interessanter Menschen.

Es bleibt nur die Langeweile und die Gewißheit, daß sich daran ein Leben lang nichts ändern wird. Denn jedesmal, wenn man in ein neues Spitzenrestaurant geht, weiß man schon vorher, daß man diesselben Miniportionen, dieselben Kellner, dieselben Preise und dieselben schwerreichen Sinnsucher dort treffen wird.

Man hat schon gar keine Lust mehr, sich den passenden Wagen, die passenden Schuhe und das passende Gesicht auszusuchen, aber man möchte nicht so sein und dem Schicksal noch eine Chance geben. Fehlanzeige. Man hätte genausogut zu Hause bleiben können. Und denselben Selbstmordversuch begehen wie die letzten Monate, um sich von demselben niedlichen Notarzt retten zu lassen.

Ausgabehemmung – Geiz

Bis ins Unerträgliche steigert sich der psychische Druck, wenn der Reichtum immer weiter und schneller wächst, sich aber in gleichem Maße eine Blockade gegen jegliches Abfließen von Geld aufbaut. Dieser Geldstau wird dann durch die Zwangsvorstellung potenziert, daß das Vermögen letztlich auf schlagartige Weise für das wertloseste Produkt der Welt verschleudert werden wird – die eigenen Kinder im Erbfall.

Teures lohnt nicht

Reiche leisten sich jahrelang das Feinste vom Feinen. Das ist oft auch das Teuerste vom Teuren. Außer bei Geheimtips. Aber die sind meist nicht halb so billig, wie man behauptet, um bei anderen Reichen Eindruck zu schinden – vor allem sind sie es nicht lange.

Irgendwann mischt sich die Begeisterung des verwöhntesten Kenners mit dem dumpfen Eindruck, daß auch Witzigmann und Bocuse mit Wasser kochen.

»Oberkellner!«

»Der Herr wünschen?«

»Kochen Sie in der Küche mit Wasser?«

»Augenblick. Ich werde fragen.«

Einige Minuten später kommt der Oberkellner und sagt: »Ja.«

Mit anderen Worten: Das schöne Geld ist viel zu schade zum Ausgeben. Man bekommt keinen anständigen Gegenwert. Warum ein Menü für 300 Mark plus Wein für 700 die Flasche, wenn man für 15 Mark zu Hause satter werden könnte? Und genauso besoffen!

Nach einer ersten, oft lang anhaltenden Phase der Verschwendung achtet der Reiche plötzlich auf das Preis-Leistungsverhältnis und lebt ärmlicher als ein durchschnittlicher Sozialhilfeempfänger ohne Schwarzarbeitszulage.

»Ich sehe gar nicht ein, warum ich das Geld aus dem Fenster schmeißen soll, nur weil ich märchenhaft reich bin!« Man hat genug davon, der dumme August für irgendwelche Geldgeier zu sein, und plötzlich dreht der Reiche durch und jeden Tausender um.

Es nervt den Reichen das Gefühl, daß es eine ganze Industrie von Emporkömmlingen und homosexuellen Schwachköpfen gibt, die ihm mit ihrem Gesülze von Qualität und Status sein schwer verdientes Geld abzuknöpfen versuchen. Nur um sich dann, nach Feierabend, über ihre trotteligen Millionärskunden totzulachen. »Eine ganz normale Maggi-Suppe – und die Arschlöcher geben bei 18 Mark noch Trinkgeld!«

Nichts ist gut genug

Zur Strafe wird das Leben der Reichen, wenn sie feststellen, daß sie an ihrem Heimatort eigentlich gar nichts kaufen können. Ständig jetten sie um die Welt, weil es einigermaßen gerade noch erträgliche Schuhe nur in Mailand, immerhin mittelmäßige Handschuhe nur in Paris, eben noch eßbare Sushi nur in Kyoto und in Vancouver die einzigen brauchbaren Plastiktüten zum Heimtransport gibt.

Das Problem der angebrochenen Summen

Immer wieder traumatisch ist für Millionäre der Besuch von Supermärkten. Sie brauchen ein Paket Kaffee und gehen zu »Penny Markt«. An der Kasse öffnen Sie den mitgebrachten Geldkoffer und nehmen einen Tausender heraus. Sie zahlen 8,99 – Sonderangebot. Und plötzlich stellen Sie fest: »Ich bin ja gar kein Millionär!« Sie haben nur noch 999.990 Mark im Koffer, und ein bißchen Kleingeld in der Hosentasche. Ein Paket Kaffee, und schon ist die Million nicht mehr vollständig. Damit werden viele nicht fertig.

Geld haben kann aber auch Spaß machen!

Wenn man Geld hat, kann man eine Menge damit machen. »Ja, logisch: Ausgeben!«, gröhlen nun erfolglose Lottospieler. Das liegt nahe. Aber man kann Geld auch einfach nur haben oder sogar behalten. Mit etwas Raffinement läßt sich aus dem puren Haben ohne viel Vorwissen und vor allem ohne Ausgaben der eine oder andere Hochgenuß fabrizieren.

Über Geld reden

Es gibt nichts Lustvolleres, als über das eigene Geld zu reden. Dieser erste Platz auf der Hitparade menschlicher Freuden war einmal kurz gefährdet, als jemand Sex erfunden hat. Dann stellte sich aber bald heraus, daß man auch im Bett vom eigenen Geld erzählen kann – man kann das stundenlang und immer wieder tun. Und genau darin besteht die Überlegenheit des Geldes gegenüber dem Sex. Jedenfalls im Falle der Männer.

Immer und immer wieder kann man über Geld reden. Es wird nie langweilig – wenn man nicht gerade der Zuhörer ist. Wiederholungen sind die Zinsen des Schwätzers*.

Geld zeigen macht Spaß!

Nehmen Sie sich eine Stunde Zeit und fahren Sie mit einem Fahrstuhl in einem Hochhaus herum. Weil ein Hochhaus Privatgelände ist, brauchen Sie

* Diesen überaus geistreichen Satz sollten Sie neben meiner ebenfalls intelligenten Erkenntnis »Pfennige sind die Atome des Reichtums« zitieren, wenn Sie Ihren Freunden gegenüber damit angeben, daß Sie anspruchsvolle Bücher von Achim Schwarze lesen und teilweise sogar verstehen – bis Ihnen jemand eines der Gegenteile nachweist.

keinen Führerschein dazu. Sobald die empfohlene Personenzahl von mindestens einer Person außer Ihnen erreicht ist, holen Sie Ihre Geldrolle aus der Tasche und zählen sie durch.

Literarischer Hochgenuß

Die Giganten von Goethe bis Thomas Mann und Simmel haben sich abgemüht, doch nicht einmal Christa Wolf ist jemals so packende Prosa gelungen wie der Verbraucherbank. Für mich ist der einzige literarische Hochgenuß die Lektüre meiner Kontoauszüge.

Hier wird das Wort Dichtung wörtlich genommen. Bankauszüge sind niemals geschwätzig, sie bringen ihr Anliegen auf den Punkt. Buchung für Buchung entwickelt sich ein dramatisches Auf und Ab hin zum Finale: Eine ganze Lebensperspektive in der letzten Zeile, und vor der letzten Zahl hängt es an einem einzigen Vorzeichen, ob es sich bei dem vorliegenden Auszug um Lustspiel oder Tragödie handelt. In unserem Falle lesen wir meist das gutgelaunte Plus, aber auch ein Minus amüsiert uns hervorragend, wenn die Zahl rechts neben ihm dramatisch genug ist.

Ganz zu recht besitzen Kontoauszüge beste Gewinnchancen beim Wettbewerb für Literatur in Klagenfurt. Jede Seite ist voller mysteriöser Chiffren, niemand versteht, welche seltsamen Kodebezeichnungen eigentlich was meinen. Zeitgenössische Texte (siehe Datum) sind nie leicht zu verstehen, sonst wären sie ja nicht zeitgenössisch.

Meditation vor dem Geldhaufen

Legen Sie Ihr Geld auf den Rauchtisch vor der soeben gekauften Rolf-Benz-Ledercouch und schauen Sie es einfach an. Ein Glücksgefühl durchströmt Sie, und es ist um so intensiver, je größer der Betrag, je kleiner die Scheine oder je bescheidener Sie selber sind.

Nach drei oder vier Stunden der Meditation können Sie versuchen, mit Ihrem Geld zu sprechen. Wenn Sie die Ohren spitzen, werden Sie Ihr Geld vielleicht versprechen hören: »Ich werde nie weniger.«

Geldzählen

»Ausgeben ist schön, aber irgendwie auch quicky-mäßig.« Vor allem hat Ausgeben den Nachteil, daß man danach weniger Geld hat als vorher. Ein kurzes Aufbäumen der Lust – und Feierabend.

Wieviel befriedigender da doch das Geldzählen ist!Es ist eine Art Erotik ohne Geschlechtsteile – und wird von allen Kirchen erlaubt.

Gibt es etwas Sinnlicheres? Sie können jeden Pfennig hören, sehen, fühlen, riechen. Sie können Ihr Geld sogar schmecken, wenn Sie ein belastbares Immunsystem besitzen. Druckfrische Scheine schmecken einzigartig. Andererseits kenne ich Kenner, die, wie bei den umstrittenen französischen Schimmelkäsesorten, nichts mehr lieben als gereifte Banknoten auf der Zunge.

Allen Neulingen sei an dieser Stelle geraten, ihr Geld zu lutschen, aber nicht zu essen. Zwar könnte man beim Verzehr von kleinen Scheinen für weniger Geld satter werden als beim Besuch vieler Restaurants. Aber die Silberfäden der Banknoten verknoten sich gern mit den Darmzotten, und wenn der Notfallchirurg bei der Öffnung Ihre Bauchdecke größere Summen in Ihren Gedärmen findet, wird er Sie auf dem OP-Tisch sterben lassen, um Ihnen das in Ihnen gefundene Geld nicht abliefern zu müssen. »Geld stinkt«, sagt er lächelnd gleich nach dem Eingriff und hält die verschmutzten Scheine hoch, »aber mit ›Sanso‹ ... «

Man kann beruhigt schlafen, wenn der Arbeitstag vorbei ist und man doch erst die Hälfte seines Vermögens gezählt hat. Einen ähnlichen Effekt erzielen weniger vermögende Geldzähler durch einen einfachen Kniff: »Dreihundertvierund ... – Moment, habe ich *den* Groschen jetzt schon mitgezählt?« – Oder doch? – Und noch mal von vorn!

Münzen sollte man in Zehnerschritten turmförmig aufbauen und auf den Tisch legen. Noten werden Bild auf Bild ausgerichtet und dann der Größe nach geordnet.

Manche Leute bevorzugen es, ihr Geld als Haufen von runden Summen auf den Tisch zu legen – »Jeder Haufen ist 100 Mark.« Das hat den Vorteil, daß man das Kapital immer wieder neu ordnen kann.

Dann bündeln Sie jeweils zehn Zehnmarkscheine und schieben eine 10.000-Mark-Banderole darüber. Schon sieht Ihr Vermögen viel freundlicher aus.

Bloß eine Art des Geldzählens ist noch aufregender als das Geldzählen von Hand. Es wird in der Regel nur von Leuten angewendet, die keine Geduld für die sinnliche Beschäftigung mit ihrem Geld haben: Bei größeren Drogengeschäften in Amerika werden Millionensummen gern in kleinen, aus dem Straßenverkauf stammenden Scheinen bezahlt. Die Drogenhändler haben keine Zeit zum Geldzählen. Bei ihnen wird Geld gewogen. Es gilt der Lehrsatz: Feuchte Bündel machen reich.

Die schönsten Geldformen

Münzen

Schon immer haben Reiche, trotz aller Vorsicht, jede Art von Summen verloren. In den Zeiten der Golddukaten und Silberlinge war das kein Problem: Je größer der verlorene Betrag, desto lauter die akustische Warnung bei ihrem Auftreffen auf den Bürgersteig. Das Papiergeld wurde von Reichen erfunden, die gern am Strand spazieren gingen. Münzen kamen schnell total aus der Mode.

Auch die letzte Domäne der Münze fällt – inzwischen haben Scheine sogar das Automatenwesen erobert. Nicht lange, und Münzen verschwinden sogar aus dem magnetischen Münzspender am Amaturenbrett der Autos.

Man mag sie nicht, denn Münzen riechen billig und machen einen unhygienischen Eindruck. Dabei sind sie eigentlich appetitlicher als Banknoten, denn in den gegerbten Gesichtern von FJ Strauß oder Adenauer kann sich weniger Abrieb von den Händen anderer Nasebohrer ansammeln als bakteriell interessante Rückstände nachlässiger Klopapierbenutzer in den saugfähigen Poren jedes Scheines.

Andererseits gilt bei Scheinen: Je kleiner der Nennwert, desto ekliger unter dem Mikroskop. Der Tausender weist den geringsten Durchseuchungsgrad pro Mark (und auch pro Quadratzentimeter) auf.

Autohändler beurteilen ihre Kunden nach dem Wagen, mit dem sie vorfahren. Ein Freund von mir fuhr zur Mercedes-Niederlassung. Er hatte es eilig und wollte einen 300er für 70.000 Mark kaufen. Er mußte um einen Kaufvertrag betteln, denn er war in einem Gabelstapler erscheinen.

Als er mit einer Europalette voller Markstücke bezahlen wollen, sagte der Händler: »Wir nehmen Ihnen die 70.000 nur ab, wenn Sie das Geld in Stangen rollen.« Mein Freund mußte seinen gesamten Jahresurlaub opfern. Außerdem kostete der alberne Daimler für 70.000 nun real 110.000 Mark, bei 20 Mark Rollohn pro Rollstunde. Das kommt davon, wenn man seine Million mit Kaugummiautomaten macht und das spezialisierte Rollkommando gerade vollständig ausgebucht ist.

Einziger Vorteil großer Summen in Münzen: Keiner klaut Ihnen das Geld. Achten Sie aber auf nächtliche Gabelstaplerfahrer, die ohne Licht in der Nähe Ihres Grundstückes herumkurven.

Zweiteinziger Vorteil: Sie können in Ihrer Freizeit alle Ihre Münzen durchsehen. Das 50-Pfennig-Stück von 1948, »Bank Deutscher Länder« aus der G-Serie ohne Riffelrand bringt glatte 4.000 Mark unter Sammlern.

Ich kenne einen Immobilienmakler, der Münzen haßt. Er bemüht sich nach Kräften, nur Scheine einzunehmen. Er ist der einzige Mensch, der im Supermarkt sagt: »Stimmt so.« Mit diesem kleinen Trick vermeidet er, daß man ihm unbemerkt Münzen als Wechselgeld zusteckt. Um so größer ist seine Verzweiflung, wenn zwei Minuten vor einem Verkaufstermin ein Gabelstapler auf seinen Firmenparkplatz fährt und keinen Parkplatz zwischen den anderen Kundengabelstaplern findet.

Wohin mit den Münzen? Ich bewahre sie in dreifach ineinandergesteckten Plastiktüten oder Schuhkartons auf und nehme mir immer eine Handvoll mit, wenn ich aus dem Haus gehe.

Meine Freundin Heike Weber löst das Problem noch eleganter. »Die Wohnung steht nicht mehr mit Münzen voll, und nach Büroschluß habe ich auch keinen Streß mehr mit dem Einkaufen, seit ich mich nur noch aus Automaten ernähre.« Man glaubt ja gar nicht, wieviele und abwechslungsreiche Gerichte man aus Snickers und Cola zaubern kann.

Oder sollte man Münzen lieber wegschmeißen, schon der Gesundheit zuliebe? Auch eine gute Idee. Wenn Sie einen hohen Stundenlohn haben, kann es billiger sein, alle Münzarten bis einschließlich Groschen an der Stelle auf den Boden fallen zu lassen, wo man sie gerade empfängt. Oder schütten Sie die alle paar Tage wieder auf lästige Größe angeschwollene Münzsammlung einfach vor Ihrem Haus ab. Das sieht zwar nach Umweltverschmutzung aus, aber andererseits: solange es keinen speziellen Container für Münzmüll gibt . . . Außerdem sollen immer noch ein paar Leute herumlaufen, die es nötig haben, den Pfennig zu ehren. Ich bücke mich erst, wenn ich mindestens einen Zwanziger auf der Straße liegen sehe. Oder ein Unfallopfer, dessen Brieftasche ich selbstlos davor bewahren möchte, von eventuell durchsickerndem Blut versaut zu werden.

Spezialwährungen

Arbeitslosengeld – Für gelangweilte Reiche genau das richtige Zubrot. Erst stellen wir uns selbst bei uns selbst an, dann machen wir pleite und setzen uns selbst auf die Straße. Den Sozialplan haben wir verbummelt. Die lästigen Wege zum Arbeitsamt legen wir in einem unserer nur noch elf Privatwagen zurück. Im schäbigsten – einem neuen 300er.

Portokasse – In den meisten Unternehmen existieren mehrere Kassen: Die Ladenkasse, die Kaffeekasse und die schwarze Kasse. Einige Firmen verfügen nur über eine Kasse – die Portokasse. Gemeint sind hier alle Briefkastenfirmen ohne Telefon, aber auch Unternehmen, die nach außen hin besonders gesund erscheinen möchten. Wenn sich der Chef einen neuen Mercedes 600 kauft, betont er: »Den habe ich aus der Portokasse bezahlt.« Alle denken: »Dolle Bonität! Die Bude muß ja brummen wie verrückt.« Keiner kommt auf die Idee, daß die Portokasse das gesamte Firmenvermögen ausmacht und der Chef inzwischen mit zehn Bogen Sondermarken bei der Post in der Kreide steht.

Peinlich, wenn die Praktikantin, die dem Chef die Kosten für die Sekretärin erspart, am zweiten Tag ihrer Mitarbeit die gesamte Portokasse in Briefmarken umgewandelt hat. Der Mercedeshändler verzweifelt: Erst die Idioten mit palettenweise Markstücken, jetzt die Vollidioten mit den Briefmarkenalben.

Lösegeld – Bevor man Reiche erpreßt, sollte man sich genau informieren, wie sie inoffiziell zu ihren Angehörigen stehen. Bei Ermordung vor Übergabe dürfen Sie sich nicht wundern, wenn man Ihnen anonym eine Prämie zuschickt. Vorausgesetzt, Sie haben Ihre Adresse angegeben.

Spielgeld – Ohne Rücksicht auf die eigene Gesundheit war man jahrelang überpünktlich auf Arbeit erschienen, bis einem irgendwann der Sexualpartner sagte: »Das Geld, was du da bekommst, ist doch nur Spielgeld.« Aber trotzdem kann man stolz sein, wenn man mehr davon verdient als alle anderen im Büro.

Ein ganz einmaliges Millionengeschäft gelang einem Freund von mir. Er kam eines Tages auf die Idee, die Scheine aus der Monopoly-Packung umzutauschen. Er hatte allerdings Pech, weil er zum falschen Zeitpunkt zur Commerzbank ging. In der folgenden Woche zogen die Wechselkurse erheblich an.

Kleingeld – Je nach Einkommen bis 42.000 Mark.

Fersengeld – Der Bruttolohn für den Fahrer von Fluchtwagen.

Begrüßungsgeld – Die einzige Art, als Ostler zu Reichtum zu kommen. Inzwischen abgeschafft.

Die Kunst des Bezahlens

Auch bei kleineren Beträgen verzichtet der Genießer nie auf die lustvollste mögliche Zahlungsweise.

Der geheimnisvolle Zahler

»Ober, Zahlen bitte!«

Die Rechnung kommt. »Augenblick, bitte.«

Nun stecken Sie sämtliche Schlüssel in die speziell für sie vorgesehenen Löcher, stellen unbeobachtet die Kombination am Zahlenschloß ein und lassen die beiden Verschlüsse effektvoll aufschnappen. Kunstpause. Blick in die Runde, und dann den Deckel gaaannz, gaaaaannnnzz langsam heben.

Jedes Gespräch im Raum verstummt. Alle Anwesenden greifen in die Jackentasche. Sie holen ihre Stecknadeln heraus und werfen sie auf die Auslegeware. Und trotzdem, man kann die ersten Stecknadeln fallen hören, so still ist es im Restaurant geworden. Dann aber geht das feine Geräusch unter in den Ahhs und Ohhs der Stauner im Angesicht Ihres Geldkoffers.

Der Geldkoffer beeindruckt ungeheuer. Der Geldforschungsabteilung des internationalen Währungsfonds ist nur eine Steigerung des Geldkoffers bekannt: Der Geldkoffer mit Handschellen.

Beginnen Sie die Bezahlungszeremonie mit dem Aufschließen der Handschelle. Sie heben den Deckel des Geldkoffers nur ganz wenig an und greifen hinein. Legen Sie den Revolver zuerst auf den Tisch, dann holen Sie Geld heraus. Ca. 100 Mark, wenn Sie eine Rechnung von 53 Mark begleichen müssen. Den Revolver haben Sie mitgenommen, weil Sie nie wieder hören wollten: »Haben Sie vielleicht drei Mark klein?«

Alle hoffen auf Ihr »Stimmt so!« – und irren sich. Das Wechselgeld stecken Sie in die Jackentasche. Oder, falls Sie in Kleidung ohne Taschen oder ohne Kleidung erschienen sind, dann nehmen Sie es einfach in die freie Hand.

Öffnen Sie unter keinen Umständen den Geldkoffer ganz! Ein Geldkoffer mit Handschelle enthält unglaublich viel Geld und würde bei unvorbereiteten Zuschauern rasenden Neid oder sogar Blindheit erzeugen. Und dann müßten Sie tausende von Mark an Schmerzensgeld zahlen!

Übrigens reicht zur Befüllung eines Geldkoffers mit Handschellen ein einzelner Hunderter – bevorzugt allerdings ein echter.

Doch bevor Sie nun nie wieder ohne Geldkoffer aus dem Haus gehen, sollen die Nachteile der Handschelle genannt werden: Sie schneidet sich auf Dauer etwas mehr ins Handgelenk ein als das unbequemste Portemonnaie in den Arsch.

Wirklich lästig wird die Handschelle im Verbrechensfall. Wo andere Menschen eine Armbanduhr tragen, kleben Sie sich gut sichtbar einen Zettel um das Handgelenk: »100 Mark Finderlohn! Bitte springen Sie sofort in ein Taxi und bringen Sie diesen Arm zu folgender Adresse ...« Dort stöhnen alle auf: »Schon wieder die*!« Man erwartet Trinkgeld von der anderen Hand dieses Stammkunden der Notfallchirurgie im Martin-Luther-Krankenhaus.

Eine Kopie dieses Aufklebers steckt auch im Inneren des Geldkoffers, ergänzt um folgenden Satz: »Weitere 20.000.000 Mark Finderlohn, wenn Sie diesen Koffer samt Inhalt finden und bei folgender Adresse abgeben ...«

Der Verbrecher soll sich denken: »100 Mark für den Arm waren ja schon nicht schlecht. Aber 20 Millionen für diese knappe Million in kleinen Scheinen, das hört sich fast noch besser an.« Und die Adresse bürgt für Zuverlässigkeit und Zahlungsfähigkeit: »Herr Horst Herold, Hauptwachtmeister, Abschnitt II, Telefon 110.«

* Gemeint ist die Hand.

Die zahlende Schönheit

Der Macho aus der 501-Reklame würde nie eine weibische Herrenhandtasche mit sich führen. Er trägt seine Barschaft in einer Tasche seiner unvorstellbar knallengen Levis-Jeans.

Kaum hat er in einem Restaurant die Bestellung aufgegeben, erhebt er sich und fummelt sich im Stehen bis zum Gehen in der Hose herum. Es grenzt trotzdem an ein Wunder, daß es ihm gelingt, überhaupt Geld aus der engen Hose zu fischen.

Frauen, aufgepaßt: Dieser Mann hat die sensibelsten Finger, und das wird Ihnen in entsprechenden Momenten sehr viel Freude bereiten.

Tut er das nicht freiwillig, sagen Sie ihm beim nächsten gemeinsamen Restaurantbesuch: »Ich lade dich ein.«

Liegt die Rechnung auf dem Tisch, stehen Sie auf und sagen: »Ich komme an mein Geld nicht ran.«

»Aktien?«

»Jeans.«

»Diät!«

Nach dieser frechen Empfehlung sollte sich der Dressman Mühe geben, auch wenn Ihre Jeans zwei Nummer enger ist als seine und ihre Taschenbeutel erst unterhalb Ihrer Kniescheibe enden.

Der Zahlemann

Wie so vieles andere, was Männer wichtig nehmen, kann die Geldrolle gar nicht dick genug sein. Im Kern muß sie übrigens nicht unbedingt aus kleineren Scheinen bestehen als die gut sichtbare Außenschicht. Meist aber finden sich außen die größten Scheine, sagen wir zwei Tausender, wenigstens aber deren engste Verwandten, die Farbfotokopien.

Unter dieser Schicht liegen dann die kleineren Werte, Fünfer, Zehner oder Lire.

Mit Hilfe einer einfachen Säge kann man rasch und für kleines Geld sogar der Freundin zu einer Geldrolle verhelfen, denn ein gekonnter Schnitt schafft die Grundlage für doppelte Freude aus einem einzigen Exemplar Hakle-Klopapier (vierlagig mit Verwöhnoberfläche).

Die Feinheiten der Geldübergabe

Wenn man schon Geld übergeben muß, dann sollte man dem Trennungsschmerz den Genuß der gekonnten Übergabe entgegensetzen. Sämtliche der im folgenden vorgestellten Methoden sollten zu Hause vor dem Spiegel oder mit Freunden trainiert werden, bis sie wirklich sitzen.

Das verdeckte Zahlen aus der Drehung

Der Zahler wendet sich ab und zählt im Schutze seines eigenen Rückens den fälligen Betrag ab. Funktioniert nur sehr mangelhaft in voll ausgeleuchteten Tanzstudios mit Spiegelwänden.

Das Geld wird dem Empfänger plötzlich auf den Handteller gelegt. Dann schließt man seine Hand um das knisternde Wert-Papier. So vermeidet man Verluste durch Zugluft und hoffentlich auch das Nachzählen. Während des gesamten Vorganges starrt der Zahler dem Empfänger mit unbewegter Miene in die Augen (»Hypnoserabatt«). Zu Hypnose-Resistenten sagt man zwei Minuten später unschuldig: »Hab ich mich doch echt verzählt?!«

Das Zustecken

Das Geld wird gegen den Willen des Empfängers übergeben. Der Empfänger nimmt gegen seinen Willen an.

Das Zustecken im Kuvert

Diese Übergabe ist üblich unter Leuten, die auch beim mitternächtlichen Duschen die Sonnenbrille nicht absetzen. Wer das Kuvert öffnet und nachzählt, muß eine Runde aussetzen. Er darf nicht über »Los!« gehen und darf auch nicht 4.000 Mark einziehen.

Das Hinzählen

In einem hübschen Muster werden die Scheine nebeneinander auf eine plane Unterlage gelegt und halblaut abgezählt – je langsamer, desto schöner. Diese Übergabeform wirkt besonders ehrlich.

Die gesundheitsbewußte Übergabe

Man scheint einander nicht zu mögen, aber diese Zahlungsweise beweist: »Ich möchte, daß du fit bleibst.« Werfen Sie Ihrem Empfänger sein Geld vor die Füße.

Die anzügliche Übergabe

Nur noch selten sieht man, daß Banknoten zwischen die Brüste einer Frau gesteckt werden. Zu oft war diese Geste von Frauen mißverstanden worden. Heutzutage sind es Frauen, die den Männern das Geld auf anzügliche Weise aufdrängen.

Männer können das leicht ausprobieren: Kaufen Sie sich zu enge, zu kleine Unterwäsche, binden Sie sich eine Fliege um und tanzen Sie ein bißchen, dann merken Sie schnell, wie das funktioniert: Die Damen werden hysterisch und stecken dem Tänzer Geld in den String-Tanga.

Exotische Zahlungsmittel

Das Kamel

In vielen unterentwickelten Ländern muß man größere Anschaffungen mit Kamelen bezahlen. Immer wieder versauen sich Europäer ihre Brieftaschen, denn beim Umtausch von Reiseschecks in Kamele haben die Bankangestellten am Schalter gnadenlos geschwindelt: hinsichtlich Wechselkurs und Stubenreinheit.

Der Scheck

Oft bekommen Sie Ihre Ware gratis, wenn Sie sie mit einem Scheck kaufen. Vorausgesetzt, Sie vergessen die Unterschrift. Prägen Sie sich also ein, wie die Unterschrift des Typen aussieht, mit dessen Schecks Sie gerade einkaufen.

Bar oder Karte?

Die wahre Lust am Geldausgeben kommt nur bei Bargeschäften auf. Andererseits ist die Karte die beste Möglichkeit, sich eine exklusive Annehmlichkeit zu gönnen, auch wenn man sie nicht bezahlen kann.

Wie man Geld aufbewahrt

Das eigene Heim

Wer ein schönes Haus voller schöner Sachen auf einem schönen Grundstück besitzt, möchte am liebsten jederzeit alles gleichzeitig betrachten können. Jeder Quadratzentimeter wird von mehreren Kameras erfaßt*. Ganz nebenbei schafft dies auch ein gewisses Gefühl der Sicherheit – von Einbrechern werden Sie nicht einfach sinnlos erschossen. Vielmehr werden Aufnahmen davon gemacht, die vielen RTL+-Fans einen gelungenen Abend vor dem Buntfernseher und ein Gesprächsthema für den nächsten Arbeitstag bescheren.

* Das ist die Kernidee des Kubismus.

Der Tresor

Zuerst werden alle Bilder abgehängt. Fehlanzeige. Dabei hätte man schwören können... Also ist er doch irgendwo hinter der Bücherwand verborgen. Wieder nichts. Hinter einem Möbelstück? Alle werden abgerückt. *In* einem Möbelstück? Alle werden ausgeräumt. Immer noch nichts. Die Bude sieht aus wie eine Mischung aus Umzug und Bürgerkrieg.

Sämtliche Wände werden abgeklopft. Die Villa erinnert bald stark an einen Rohbau.

Da kommt zum Glück der Ehepartner nach Hause und klärt den Fall auf. Man hatte wegen Ihrer bekannten Gedächtnisschwäche seinerzeit doch lieber auf die Anschaffung eines Tresors verzichtet. »Schatz, warum hast du nicht einfach mich gefragt? Hinten rechts in der obersten Schreibtischschublade versteckst du immer dein Hasch.«

Sollte man auf der Suche nach einem Tresor einen Tresor in der Wand finden, so ist einem auch nicht viel geholfen. Es dauert hunderte von Jahren, bis man das Ding durch Probieren aufbekommt. Also muß man ständig sprengen. Das zieht die Polizei an. »Herr Vorsitzender Wachtmeister, ich brauchte ganz schnell meine goldenen Konfirmations-Manschettenknöpfe und kannte die Kombination nicht.«

»Kein Wunder, Sie waren ja auch im falschen Haus.«

Immer wieder stellt sich die Frage: Was enthält der Tresor wirklich? Geld kann es nicht sein, das ist alles für die Anschaffung des Tresors draufgegangen. Also? Im Tresor liegt alles, was die Putzfrau nicht in die Hände bekommen darf. Fotos der letzten Putzfrau, Lohnabrechnungen der letzten Putzfrau, Liebesbriefe an die letzte Putzfrau oder die letzte Putzfrau*.

* In Aschenform, wenn der Reichtum zu einem Tresor mit Gefrierfach doch nicht gereicht hat.

Fachliteratur

So schön ein Tresor auch ist, man kann sein Geld an anderen Stellen genauso diebstahlssicher unterbringen, z. B. unter der Matratze, in Kleidungsstücken, vor allem aber in Büchern. Gerade dieser letzte Aufbewahrungsort schafft ein tiefes Gefühl der Sicherheit: Kein Einbrecher hat die Ruhe, auf der Suche nach Geld sämtliche MAD-Hefte durchzusehen. Versucht er es doch, wird er sich spätestens beim dritten Band festlesen und Sie durch sein dämliches Gekicher alarmieren. Und Sie können sich immer wieder mal freuen, wenn Sie irgendetwas Schwieriges in einem MAD-Heft nachschlagen müssen, um dann unerwartet fünf- oder sechstausend Mark zu finden.

Die Matratze

Diesen historischen Aufbewahrungsort für unvermuteten Reichtum finden wir bei einer speziellen Art von Rentnern. Sie halten sich in Wohnungen mit Einzelzellencharakter auf. Die Einrichtung ist selbstgewählt: primitiver Tisch, ein Stuhl, nackter Fußboden, nackte Glühbirne, nackte Frau, weil man sich keine Kleider leisten kann, noch eine nackte Frau, wahrscheinlich die Tochter, in Fotoform an der sonst nackten Wand.

Unter der Matratze haben es solche Typen dicke. Sobald jemand dahinterkommt, wird die Entmündigung betrieben. So beweisen Verwandte, daß sie sich das um das Wohl des Seniors kümmern.

Das Sparschwein

Die Idee des Sparschweins ist so alt wie das Sparschwein selbst. Und sie ist gut: Wie durch Magie schafft man sich ein Vermögen aus dem Nichts. Ein Vermögen, das man nicht ohne weiteres verwenden kann.

Man ist zwar gegen Tierversuche, aber in Momenten größter Not wird mit viel Fingerspitzengefühl und einem Brotmesser eine Abtreibung vorgenommen, denn hier handelt es sich eindeutig um einen Fall von sozialer Indikation.

Irgendwann ist das Schwein trotzdem voll, dann wird es geschlachtet. Eigentlich tut es einem leid um das schöne Stück. Es enthielt 844 Mark, kostete aber leer 842 Mark ohne Überführungskosten und Segen des Schweinepriesters. Um Kosten zu sparen, klebt man nach der Plünderung die Scherben wieder zusammen. Das geht schon für 840 Mark an Klebstoffkosten.

Der Treuhänder

Viele Menschen wissen seit ihrem dritten Konkurs, daß sie mit Geld nicht umgehen können. Daher vertrauen sie ihr Geld lieber einem Treuhänder an und beweisen dadurch erfolgreich, daß sie mit Geld nicht umgehen können.

Ein paar schöne Vergnügungen für Geldbesitzer

Kokeln

Reiche betonen besonders in Gesellschaft anderer Reicher, daß Geld ihnen nichts bedeutet. Erstens ist man vom Geld nicht korrumpiert, und zweitens hat man so viel, daß es längst nicht mehr drauf ankommt. Zum Beweis geben sich auch militante Nichtraucher gegenseitig Feuer mit möglichst großen Nennwerten.

»Eine solche Spitzen-Zigarre, mein Bester, die muß man auf angemessene Weise anrauchen.«

Das Kokeln kann ein teures Vergnügen werden. Die Scheine sind nämlich Eigentum der Deutschen Bundesbank. Ein Millionär, den ich schon seit meiner Schulzeit kenne, nahm sich diese auf allen Geldscheinen nachzulesende Wahrheit zu Herzen. Nachdem viele seiner Freunde bei gemütlichen Herrenrunden am Kamin verhaftet worden sind, hat Günter Fehnauer sich gut vorbereitet. Als ein verdeckter Ermittler ihm beim Feuergeben die Handschellen anlegen wollte, präsentierte Fehnauer seinen Schriftverkehr: »Hiermit stelle ich den Antrag, mir die Verbrennung der Tausendmarkscheine mit folgenden Seriennummern zu genehmigen« – eine mehrspaltige, dreiseitige Anlage in sehr kleiner Schrift war beigeheftet. Dann kam das Kernstück: »Wir erteilen die Ausnahmegenehmigung und erheben eine Gebühr von DM 38,42.«

Hoch liegen Heilkosten und Schmerzensgeld für die armen armen Menschen, die als zufällige Zeugen unglücklich in Bewußtlosigkeit fielen oder Verbrennungen dritten Grades unter dem Kinn erlitten. Bei Geldverbrennungen gilt trotz aller behördlichen Genehmigungen: Lassen Sie sich von allen Anwesenden eine entsprechende Enthaftungserklärung unterzeichnen.

Und fackeln Sie auch nicht immer wieder die Scheine ab, die Ihnen andere Anwesende nur eben zur Besichtigung in die Hand gedrückt haben.

Im Geld schwimmen

Im 25 m-Becken des wohlhabenderen Geldschwimmers gibt es im Winter keine Frostprobleme, obwohl die Beheizung des zu beschwimmenden Vermögens keine leichte Aufgabe ist. Aufwendiger ist es, den Pool vor unberechtigten Benutzern zu schützen.

Am Körper des Multimillionärs erkennt der behandelnde Arzt, welche Schwimmlage man bevorzugt – allerdings nur bei Münzschwimmern. Rücken = wunde Schultern. Kraul = blutige Fingerkuppen. Brust = Schadensausmaß je nach Oberweite.

Am stärksten wird die Gemeinschaft der Versicherten durch jene Geldschwimmer belastet, die ihr Fitness-Vergnügen mit einer Arschbombe vom Fünfmeterbrett starten*. Die sonst recht kleinlichen Nachbarn haben Verständnis für die ausgelassenen Party-Animals, obwohl die nächtliche Ruhe erheblich gestört wird, wenn die angeheiterten Cocktailgäste nach einem Kopfsprung ins Becken voller kühler Münzen gellende Schmerzensschreie ausstoßen. »Man muß auch mal tolerant sein können«, sagen sich die Nachbarn, »und außerdem bleibt das Silbergeld nicht an Kleidung oder Körper haften, wenn man mit ihm bespritzt wurde.«

* Scherzhaft »Geldbombe« genannt.

Geld aus dem Fenster werfen

Internationale Luxushotels kommen ihren vewöhnten Gästen in jeder Hinsicht entgegen. Für alles ist gesorgt. Wer sein Geld verjuxen will, braucht nur die Minibar zu öffnen. Durch die Minibar holt das Hotel hinein, was es bei einem Einzelzimmerpreis von 360 Mark ohne Frühstück draufzahlt.

Vor allem kann man die Fenster nicht öffnen. So verhindert die Direktion, daß Gäste – bevor sie die Rechnung gezahlt haben – Geld aus dem Fenster werfen.

Vor der Einführung des permanent geschlossenen Fensters kamen viele Beschwerden und Schmerzensgeldprozesse: Passanten gingen ahnungslos an Hotels vorbei, und plötzlich mußten sie in Deckung gehen, weil sie mit Geld beworfen wurden. Es gab Tote: Ein Millionär aus Koblenz warf stangenweise Fünfmarkstücke aus dem Fenster des 17. Stocks eines Hamburger Hotels. Andere ließen Banknoten herabsegeln, die von Passanten irrtümlich eingeatmet wurden und zum grausamen Erstickungstod führten.

Die Kunst des Ausgebens

Wer noch nie vor der Aufgabe stand, größere Summen auf den Kopf hauen zu müssen, stellt sich die Sache viel zu leicht vor. Aber nicht umsonst halten sich viele Superreiche kompetente Ehepartner, die jeden Tag Überstunden beim Verplempern machen. Und trotzdem sind sie oft mit den zu vernichtenden Summen überfordert.

Doch nicht allein die auszugebende Geldmenge stellt Millionäre vor schwere Aufgaben. Es gibt noch so manche Herausforderung zu meistern, mit der man vor der Million nie gerechnet hätte . . .

Die Rechtfertigung des Geldausgebens

Geldausgeben hat einen medizinischen Grund. Nur durch diese Therapieform kann Frust, wie er unter Reichen notorisch verbreitet ist, behandelt werden. Besonders der Impuls-Kauf leistet hier Erstaunliches, außer wenn alle Impulse gerade ausverkauft sind.

Der Trennungsschmerz

Aus langjähriger Erfahrung wissen wir: Hat man Geld ausgegeben, ist es weg. Schlaue haben versucht, Geld auszugeben, ohne daß es danach weg ist. Aber nach vier Wochen wurde auch dem Überzeugtesten die Kreditkarte gesperrt.

Bevor Sie Ihren geliebten Geldschein endgültig in die böse Welt entlassen, sollten Sie unbedingt ein Erinnerungsfoto von ihm anfertigen. Von jedem Schein. Wenn Sie es eilig haben: Besser als nichts ist ein Gruppenbild mit Portemonnaie. Besitzen Sie keine Kamera, so reicht auch eine Abschiedsfotokopie, die an langen Winterabenden colorieren können.

Was man mit Geld kaufen kann

Unverkäufliches

Niemand interessiert sich für den Inhalt der Urlaubspostkarte, die Goethe irgendeiner Friseuse geschrieben hat. Niemand interessiert sich für das Nacktfoto auf der Vorderseite der Karte. Aber die Geschichte, wie Sie zufällig mit dem Vorbesitzer, einem exzentrischen Baron in Ostrumänien, durch einen Segelunfall ins Gespräch kamen, und er hatte gerade . . . – kurz:

Wenn Sie etwas Unverkäufliches gekauft haben, bekommen Sie gratis die abenteuerliche Geschichte des Kaufes hinzu und als Dreingabe eine Packung Buntstifte zum Ausmalen.

Schließlich war sich der Baron mit Ihnen einig, daß seine Erbstücke doch bei Ihnen besser aufgehoben waren als bei ihm. Aus dem tiefen Gefühl der Wesensverwandtschaft heraus hat er Sie dann gebührenpflichtig adoptiert. Das frische »von« macht sich gut nach Ihren beiden Doktortiteln, deren Vorgeschichte Ihnen nach Ihrem Aufstieg in den Adelsstand niemand mehr glaubt, obwohl sie wahr ist. Als Blaublütiger hat man heutzutage halt mit Vorurteilen zu kämpfen.

Dienstleistungen – sich bedienen lassen

Haben Sie sich auch schon immer über Türen geärgert? Einerseits haben Türen manchen rein praktischen Vorzug, aber es stört doch, daß man sie öffnen muß, wenn sie geschlossen sind und man verletzungsfrei durch die von ihnen verschlossenen Wände hindurch gehen möchte. Wenn Sie steinreich sind, werden Sie nie wieder unter diesem Problem leiden müssen. Andere öffnen Ihnen die Türen. Aber damit nicht genug: Nie wieder müssen Sie Ihren Mantel anziehen. Das übernimmt jemand anderes, und trotzdem haben am Ende Sie den Mantel an.

Lassen Sie sich bedienen! Erst von vorne und dann von hinten. Wenn Ihnen das Spaß macht, stellen Sie noch jemanden ein und lassen sich gleichzeitig von vorne und hinten bedienen. Multimillionäre lassen sich gern füttern – und zwar (im Gegensatz zu einfachen Millionären) ohne Lätzchen!*

Kann man Liebe kaufen?

Selbstverständlich kann man das, aber diesem Vergnügen gehen nur Normalverdiener nach. Reiche bekommen Liebe geschenkt, oder wie der Industriellensohn Gernot v. Mannstein einmal sagte: »Ich ernähre mich ausschließlich von Probierpackungen.«

Nun werden Sie fragen: »Warum kostet die Liebe einen Millionär trotzdem so unendlich viel Geld?«

* Weil einige Testleser diese Bemerkung nicht verstanden, sei sie hier erklärt: Multimillionäre haben eines mit Pennern gemeinsam. Beide waschen ihre Anziehsachen nie. Wenn sie sie nicht mehr tragen wollen, werfen sie sie einfach weg. Im Falle der Reichen übrigens in 50% der Fälle schon vor dem ersten Tragen. Die restlichen Klamotten werden bei der lätzchenlosen Fütterung versaut.

Ein befreundeter Playboy rechnete mir vor: »Die Miete für das 200-qm-Wartezimmer, das Porto für ca. 200 Absagen pro Tag, die Sicherungseinrichtungen, die Bodyguards. Ich beschäftige allein drei Mitarbeiter mit der groben Vorauswahl der Bewerberinnen.«

Einige Zeit verbringt jede der ausgewählten Damen auf einem exklusiven Anwesen in Südfrankreich. Luxuriöse Unterbringung, Vollpension, sie wird so umhegt, daß sie das Haus nicht zu verlassen braucht. »Tja«, sagt der Playboy, »am teuersten sind die drei Monate Quarantäne zwischen den beiden Bluttests.«

Wenn die Beziehung schließlich zustande kommt, kommen die Haltungskosten den prominenten Reichen aus Showgeschäft oder Jet-Set billig im Vergleich zu den Kosten für die Abschiedsgeschenke. »Der ›Stern‹ hat mit seinem Scheckbuchjournalismus die Preise kaputt gemacht.«

Als angehender Multimillionär werden Sie sich vielleicht fragen: »Werde ich um meiner selbst willen geliebt oder doch nur wegen meines Reichtums? Wenn ich mein Geld über Nacht verlieren würde, wäre dann das mit der Liebe auch erledigt?« Dumme Frage – oder würden Sie eine Frau lieben, die über Nacht ihr Geschlecht wechselt?

Kann man Menschen kaufen?

Es heißt ja immer, *alle* Menschen seien käuflich. Aber wenn Sie mal ins Fachgeschäft für Mencheneinzelhandel gehen, werden Sie sich wundern, wie eingeschränkt die Auswahl ist. Die meisten Angebote dort stammen aus exotischen Ländern, schließen allerdings ein Rückgaberecht ein.

Trotzdem: selbstverständlich können Sie jeden Menschen kaufen. Der Mensch unterscheidet sich von Sachen oder Tieren nur in einem Detail: Sachen oder Tieren dürfen Sie sagen: »Ich habe dich gekauft!«, und trotzdem ändert sich ihre Laune nicht. Ein Mensch hingegen muß sich einbilden, er sei Ihnen von sich selbst geschenkt worden.

Es gibt sogar ein paar Menschen, die wirklich unbestechlich sind. Man kann sie sehr leicht auf der Straße kennenlernen. Fragen Sie jeden Passanten, was er unter keinen Umständen freiwillig machen würde. Dann bieten Sie ihm 140.000 in kleinen Scheinen. Wedeln Sie mit dem Geld, das beschleunigt den Denkvorgang. Der Unbestechliche lehnt dankend ab. Hoffentlich hatten Sie genug Geld mitgenommen, um bis zum ersten Unbestechlichen durchzuhalten.

Die Unbestechlichen verachten den Reichtum, denn sie sind gegen jede Art von Ungerechtigkeit oder Privilegien. Und es ist ungerecht, daß die einen intelligenter und reicher sind als die anderen. Aus Betroffenheit sind die Unbestechlichen arm und blöd.

Haben Sie da gerade gerufen: »So ein Idiot!«? Seien Sie dankbar für jeden Idioten. Er macht Ihren Job sicherer.

Jedenfalls erklären die Unbestechlichen jedem, der es nicht wissen will: »Ich habe mich nicht prostituiert.« So haben sie sich die Erniedrigung erspart, am Straßenrand mangels Nachfrage zu erfrieren.

Harmonie kaufen

Das ständige »ja« hier und »ja« dort, »Sie haben recht« und »ganz meiner Meinung, Herr Doktor« kann einem schnell auf den Sender gehen, besonders, wenn man gar kein Doktor, sondern ein Professor ist. Was tun? Wenn Sie Ihre Umgebung auffordern: »Seid doch *einmal* anderer Meinung als ich!«, hören Sie: »Ja, sehr gute Idee, machen wir.«

Es gibt nur eine einzige Möglichkeit, ernsthaft auf andere Meinungen zu stoßen, nämlich heiraten – aber auch nur, wenn der Ehevertrag auf Gütergemeinschaft lautet.

Wettkaufen

Nur Normalverdiener bilden sich ein, daß die Anschaffung am meisten befriedigt, die am teuersten war. In Jet-Set-Kreisen sieht das ganz anders und – wie so oft – viel, viel komplizierter aus:

Welche Käufe machen am meisten Spaß?

Zuerst kaufen Sie sich alles, was Sie sich schon immer gewünscht hatten. In der zweiten Woche Ihres Reichtums haben Sie die ersten Schwierigkeiten. Die Sättigung ist erreicht. Wenn Sie schon alles haben, was Sie wirklich brauchen, müssen Sie sich eine neue Einstellung zulegen. Ab jetzt gilt: Je sinnloser, desto schöner.

Die nächste Stufe sieht so aus: Je überteuerter, desto erholsamer, weil: Hier kann man viel Geld in wenig Zeit ausgegeben.

Sie hoffen, daß es bald das gesamte Sortiment von Karstadt in Ihrer Apotheke gibt. Einstweilen kaufen Sie soviel wie möglich in Tankstellen. Nur für die Flüssigkeitsaufnahme wenden Sie sich, etwas altmodisch, an die bewährte Gastronomie. Neulich sah ich mal einen erfolgreichen Rechtsanwalt in ein Feinschmeckerrestaurant gehen und an der Bar bestellen. »Vierzig Cola ohne Eis«, sagte er. Staunende Blicke. »Ich will mich fürs Wochenende eindecken«, fügte er hinzu und übergab dem Kellner seinen Eimer.

Der Genuß beim Kaufen

Kaufen schmerzt, denn mit jedem Kauf endet die Vorfreude. Es gibt nur eine Methode, um Enttäuschungen sicher zu vermeiden: Nie auspacken! Dann kann auch nichts kaputt gehen oder schon kaputt sein. Dritter Vorteil: Alles, was noch originalverpackt ist, können Sie in spätestens 200 Jahren für teures Geld an Sammler verkaufen. Alles außer Milch.

Doch sehen wir uns einmal den Vorgang des Kaufes und seine interessante Vorgeschichte an: Jeder Kauf beginnt mit der Schaufensterphase. Hier entdecken Sie Dinge, deren wesentlichste Qualität darin besteht, von Ihnen noch nicht besessen zu werden. Den in diesem Zusammenhang immer wieder entschuldigend hervorgestammelten Satz »Ich wußte nicht, daß es etwas so Überflüssiges überhaupt gibt« halte ich für eine fantasielose Ausrede.

Bei größeren Anschaffungen jenseits der Luxusgrenze betreten Sie bevorzugt Showrooms und entwickeln dort ein persönliches Verhältnis zu den herumstehenden Gegenständen. Sie hoffen, daß durch ganz viel Anfassen der Wunsch wächst, das Zeug zu besitzen, obwohl es sich um ausgemachten Tinnef handelt.

Wochenlang frequentieren Sie das Fachgeschäft, um nachzufragen, ob dem Personal inzwischen neue Verkaufsargumente eingefallen sind. Jedes mal hinterlassen Sie neue Fingerabdrücke oder Make-up-Reste an dem Produkte Ihres Interesses. Irgendwann – meist um 20.29 h am Langen Donnerstag, erscheinen Sie im Geschäft und leiten den eigentlichen Kauf ein. Nach Ihrer Heimkehr (kurz vor Mitternacht, denn man mag späte Stammkunden in dieser Art Laden) packen Sie Ihren Kauf aus. Sie betrachten ihn, Sie berühren und herzen ihn. »Meins!« Niemand in der Welt kann Ihnen dieses hübsche Stück wegnehmen. Einbrecher lassen Sie einfach nicht mehr in Ihre Wohnung. Gerichtsvollzieher auch nicht.

Während einer »nur so« anberaumten Festivität bei Ihnen zu Hause führen Sie stolz den Neubesitz vor. Natürlich sehen Sie Ihren sogenannten Freunden ganz genau auf die Finger, und bei der Verabschiedung nehmen Sie an jedem unauffällig eine Leibesvisitation vor*.

Verstehen Sie nun, warum Reiche nur große, schwere, protzige Dinge kaufen?

Kaufen für Fortgeschrittene

Gerade die Superreichen können jeden Preis zahlen, tun es aber nicht, weil es zu langweilig wäre. In einem Tonfall zwischen ungläubigem Erstaunen und Empörung fragt der Reiche: »*Wieviel* wollen Sie für diese Schachtel HB haben?«

Meine Freundin Marita, Inhaberin einer Restaurantkette, geht noch etwas weiter. Sie fängt mit dem Feilschen an, sobald sie drei Mark in den Zigarettenautomaten geworfen hat. Sie droht dem Automaten, den Geldrückgabeknopf zu drücken, wenn er ihr als Stammkundin nicht wenigstens einen Skonto von ein paar Prozenten einräumen will. »Ich zahle schließlich bar.«

Sachen kaufen, die umsonst sind

Fast alle Dinge, die dem Laien besonders teuer und als völlig unnötiger Luxus erscheinen, kosten den Reichen nichts – nur ein kaltes Lächeln. Im Gegenteil: Die Reichen bekommen noch Geld dafür, daß sie bestimmte Dinge benutzen.

* Aus diesem Grund verabschieden Reiche ihre Gäste umständlich mit »Bussi, Bussi!« – Küßchen links auf die dick gespachtelte Wange, Küßchen rechts. Und dann zur Sicherheit noch mal links, falls man beim ersten Küssen und Betasten einen kleinen Klauverdacht geschöpft hatte und diesen jetzt verifizieren will.

Der Ferrari wird mit jedem Jahr mehr wert, die antiquen Möbel steigen, die Immobilie explodiert geradezu – was aber nichts damit zu tun hat, daß man als geschickter Hobby-Sprengmeister von der Versicherung noch mehr bekommt als beim normalen Verkauf des Hauses.

Weit populärer als Tennis und Golf zusammen ist unter Reichen ein anderer Wettkampfsport: das Absetzen. Die meisten Punkte bekommt, wer etwas möglichst Privates unbeanstandet steuermindernd geltend machen konnte.

Wenn das Absetzen nicht länger klappt als bis zur nächsten Betriebsprüfung, folgt ihm das Absetzen in die Karibik.

Avantgardistische Sachen

Erst mal anschaffen. Die Avantgarde ist vergleichsweise preiswert, weil sie von Hungerleidern hergestellt wird, aber trotzdem nicht Made in Taiwan ist. Die Asiaten kriegen nichts Avantgardistisches hin. Sie haben schließlich große Familien zu ernähren.

Bei der ersten Vorführung der gekauften Stücke fallen alle in Ohnmacht und können nicht verstehen, wie man sich diesen Quatsch anschaffen konnte. Man selbst eigentlich auch nicht, jedenfalls nicht in geschmacklicher Hinsicht. Nun kann man seinem Hobby nachgehen: Predigen.

Aber nach spätestens einem Jahr sieht die Sache ganz anders aus. Ihr avantgardistisches Prachtstück landet ganz oben auf dem Müll. Niemand war beeindruckt. Ständig stand das Scheißding im Wege herum. Häßlich war es sowieso, und brauchen konnte man es gar nicht. Avantgarde eben.

Bei etwa jeder zehnten derartigen Anschaffung erwähnen kurz vor dem Wegschmeißen die Fachzeitschriften Stück oder Künstler lobend, und schon sind Sie, was man für Geld eigentlich nicht kaufen kann: Der Trendsetter unter den oberen Zehntausend Ihrer Kleinstadt (15.000 Einwohner inkl. Eingemeindungen).

Tja, und wenn die andern geschnallt haben, was man momentan besitzen muß, müssen diese Schlaftabletten ein Vielfaches bezahlen – falls sie überhaupt einen vorderen Platz in der Warteliste des frisch renommierten Fließbandkünstlers bekommen. Sie hingegen können nun die launigen Geschichten vortragen, die Sie ungefähr persönlich mit dem Künstler erlebt haben, als er noch ein Niemand war und nur Sie an ihn glaubten.

Sachen aus Spezialgeschäften

Die meisten erstklassigen Geschäfte findet man in Großstädten, die von der nächstgelegenen Großstadt möglichst weit entfernt und in der Literatur als besonders romantisch gelobt sein sollten. Paris. New York. Rom. Entfernungsangaben unter 400 Kilometern entlarven den Wahllosen.

Gut sind auch die kleinen, lauschigen Spezialgeschäfte, die man überhaupt nicht erwartet hatte, schon gar nicht in Livorno. Doch gerade dort betreibt Gianno Pavarini seinen kleinen, eher unscheinbaren Laden, stammbaummäßig seit dem 14. Jahrhundert Fernsehfachgeschäft. Keiner repariert den Loewe Opta so tierfreundlich.

Reiche unter sich

Kaum jemand ahnt, wie eingeschränkt der Reiche in seinen persönlichen Freiheiten ist. Es umgibt ihn ein Dschungel von ungeschriebenen Gesetzen, und da tröstet es nicht, daß ersatzweise die geschriebenen Gesetze für einen Millionär nicht gelten.

Was von Reichen verlangt wird

Reichsein hat mit Freiheit nicht viel zu tun. Sie können nie wieder tun und lassen, was sie wollen. Auch nicht mit 35 Millionen auf dem Konto. Michael Jackson sagte einmal zu mir: »Wenn ich als einfacher Sachbearbeiter bei einer Versicherung arbeiten würde, hätte ich mich niemals operieren lassen.« Aber leider haben die Rassisten von der Versicherung Bewerbern die Lehrstellen zugeschanzt, die schon Lesen konnten und Schreiben lernen wollten.

Die Solidargemeinschaft der Normalverdiener ist unerbittlich mit den Multimillionären an ihrem Rand. Sie verlangt prunkvolle Reiche, die man verehren und gleichzeitig verachten kann. Bleibt ein Multimillionär bescheiden, heißt es zuerst: »So ein Geizkragen und Langweiler. Dabei weiß er nicht, wohin mit all dem Geld.« Wenig später sagt man dann: »So dicke hat er es wohl doch nicht, dieser schmierige Hochstapler.« Und schon ist jemand sicher: »Alles spricht dafür, daß er pleite ist.« Nach drei Telefonaten im Stille-Post-Verfahren wird daraus: »Du ich habe aus sicherer Quelle erfahren: Der Typ ist völlig unten. Süchtig, auf der Flucht, HIV-positiv und nebenher Vertreter für Allianz-Versicherungen.«

Ab jetzt klingelt Ihr Telefon nur, wenn sich jemand verwählt hat. Oder der Allianz-Bezirksleiter kritisiert Ihre Umsätze. Gesellschaftlich sind Sie erledigt. Niemand sieht Sie, niemand besucht Sie, niemand kennt Sie, denn Reiche glauben, Verlierertum sei ansteckend.

Zeigen oder Understatement?

Verklemmte Normalverdiener empfinden die öffentliche Zurschaustellung von Geld und Erfolg als obszön. Ein mehrfacher Hotelbesitzer sagte einmal. »Die Normalverdiener beobachten das Leben von uns Millionären wie einen Porno: Einerseits geilen sie sich an der Vorstellung auf, was *sie* machen würden mit all dem Geld. Auf der anderen Seite entrüsten sie sich, wenn wir haargenau *das* damit machen.«

Reiche reagieren sensibel auf ihre feindselige Umwelt. Viele haben sich von der Protzerei aufs Understatement verlegt, denn nur Eingeweihte verstehen diese Art der Protzerei und wissen sofort bescheid, was der BMW mit dem eckigen Auspuffrohr mehr kostet als der mit dem runden. Sie alle sprechen die internationale Sprache der gediegenen Statussymbole, und leider fragen sie sich auch gegenseitig ab. Daher verbringen Neureiche die Hälfte ihres Arbeitstages mit dem Auswendiglernen von Katalogen und Preislisten.

Stellen Sie sich folgendes Gespräch vor:

»Rate mal, was die Kiste gekostet hat?!«

Ist doch egal.

»Mehr!« Hahaha. »Also was schätzt du?«

Sie schätzen.

»Soll das ein Witz sein?«

Weniger?

»Weniger! Du hast ja wirklich keine Ahnung!«

Ist diese Art der Aufschneiderei unwürdig? Ja. Andererseits will man nicht darauf verzichten, daß jeder haargenau weiß, was man wofür bezahlt hat und – vor allem – was man dann noch übrig hatte.

»Stimmt so!«

Zwei breite Spuren zieht der Reiche hinter sich her, wenn er ausgeht. Weil er in Begleitung ist, erstens eine Schleimspur. In Restaurants zweitens eine Spur des Todes – das Personal begeht Selbstmord, so schikaniert er es nach Strich und Faden mit seiner Kennerschaft. Nichts ist ihm gut genug, außer das, was er früher hier schon mal vorgesetzt bekommen und heute auch erwartet hat.

Nach endlosen Querelen und Gemeinheiten naht der Moment des Bezahlens. Hier versetzt der Reiche dem Personal den letzten Stoß. Er legt Geld auf den Teller mit der Rechnung und sagt:»Stimmt so.«

Hat der Reiche in Begleitung gegessen und gekippt, antwortet der Kellner: »Sie müssen sich irren!«

Darauf der Reiche: »Ich irre mich nie«, und schon gar nicht, wenn es um die Wirkung hoher Trinkgelder auf die eigenen Gäste geht.

Wenn ein Millionär *allein* für 72,90 Mark gespeist hat, zahlt er mit einem Hunderter und rundet auf: »27,05 retour, und eine Quittung, bitte.«

Hat er gerade keinen Hunderter dabei, aber trotzdem gute Laune, legt er vier Zwanziger auf den Tisch und sagt: »Stimmt nicht so.« Ist er ein Scherzkeks, gibt er 70 Mark und sagt: »Stimmt so.« Oder er denkt sich einen anderen Gag aus, um sich redlich einen Hieb mit dem restauranteigenen Baseballschläger zu verdienen.

Das abenteuerliche Leben der Reichen

Wenn Reiche unter sich sind und schon mehrere Champagnerkisten geleert wurden, setzen sie sich zusammen und unterhalten sich.

Die Themen:

Nach Bergsteigen, Polo, Bungee-Jumping und Seilspringen ohne Fallschirm gibt es nur eine letzte wirkliche Prüfung für den Mann von heute: die Betriebsprüfung. Endlos erzählt man sich, wie man Sexhefte für über 2.000 Mark als »Schulungsunterlagen und Fachliteratur« durchgepaukt hat.

Doch nicht nur mit ihrer besonderen Intelligenz, auch mit ihrer Herkunft prahlen Reiche gern, wenn sie plaudernd am Tisch sitzen und auf den vierten Gang warten: »Bei uns gab es jeden Tag nur eine Mahlzeit.«

»Beneidenswert. Wir bekamen nur einmal in der Woche was.«

»So gut ging es mir als eines von neunzehn Kindern nie. Einmal im Monat gab es trockenes Brot und Wasser.«

»Das ist noch gar nichts. Wenn ich einmal im Jahr etwas zu essen bekam, war nicht nur das Brot trocken, sondern auch das Wasser.«

»Meine Familie war so arm, daß wir uns nur von Sand ernährten. Morgens, mittags, abends Sand. Getoastet, als Suppe oder kalt.«

»Na und? Als ich klein war, wären wir froh gewesen, wenn wir Sand zum Essen gehabt hätten. Aber stattdessen mußten wir uns hinter den Plumpsklos der Nachbarschaft verstecken und ... «

Gern wird der eigene Stammbaum erklärt. Ich saß einmal nachmittags in einem Golfclub allein bei Kaffee und Kuchen. Vom Nachbartisch schnappte ich folgende Gesprächsfetzen auf:

»Im Jahre 1358 entschied sich einer meiner Vorfahren, es einmal mit etwas ganz anderem zu versuchen als der Diamantenzucht.«

»Als der dritte punische Krieg in seine entscheidende Phase trat und die Phönizier sich bei uns einen Beratungstermin geben ließen ... «

»Der Kaiser kam häufig auf unser Landgut zum Fernsehen ... «

Die Frauen der Reichen unterhalten sich nur über ein einziges Thema: »Kennst du eine vernünftige Putzfrau?«

Nur die eigene – aber man behauptet, sie sei total ausgebucht, weil man ihre Vorgängerin weiterempfohlen hatte, und plötzlich wußte die ganze Stadt alles über einen, einschließlich der Geheimnisse.

Außerdem hat es arg genervt, plötzlich die persönliche Verantwortung für sämtliche Silberverluste in befreundeten Haushalten aufgehalst zu bekommen.

Aus gutem Grund lautet der Standardspruch unter Reichen: »Und was zahlst du deiner Putze fürs Klauen?«

Lebensgefahr!

Wenn man ohne Geld die Sau rauslassen will, bleibt man auf Alkohol und strafbare Handlungen beschränkt – es sei denn, man fände das Gesundheitsrisiko von »Marlboro light« abenteuerlich. Das echte Abenteuer können sich nur die Reichen leisten. Wenn sie Lust haben, jetten sie in die abenteuerlichsten Weltgegenden: Sylt mit seinen abenteuerlichen Strömungen! St. Moritz mit seinen abenteuerlichen Abfahrten! New York mit seinen abenteuerlichen Parks! München mit seinen abenteuerlichen Halteverbotszonen!

Die wirklich exotischen Hobbys kann man sich ebenfalls nur leisten, wenn man richtig Schotter hat. Die eigene Zweimotorige fliegen, Speedboot fahren, Golf, Polo, Passat und so weiter.

Dabei muß das Abenteuer nicht immer teuer sein. Neulich verriet mir ein Millionär seinen besten Trick: »Sie ziehen Ihre teuersten Sachen an und gehen allein in eine echte Spelunke. Beim Bezahlen kann jeder sehen, daß Sie ein dickes Geldbündel mit sich herumschleppen. Auf dem Heimweg – Sie tun betrunkener als Sie nach drei Glas Selters sind – wird man Sie garantiert überfallen. Freunde von Ihnen begleiten Sie seit Stunden unauffällig gegen ein kleines Handgeld und schneiden auf Video alles mit, was Sie minutiös vorbereitet hatten: Wie Sie Opfer werden sollten, dann aber doch eine kleine Lehre erteilten, weil Sie zufällig die robustere Hälfte Ihrer Jagdwaffensammlung dabei hatten.«

Weil er auch karitativ eingestellt ist, drückte er dem krankenhausreif auf der Straßen liegenden Gangster als Trostpreis einen Flachmann in die Hand. Asbach stand drauf – Schwefelsäure war drin.

Natürlich spricht sich dieser Trick schnell herum, auch wenn die meisten Kriminellen sich nach dem ersten erfrischenden Schluck nur noch schriftlich äußern können.

Sie müssen sich also von vornherein darauf einstellen, daß vor dem Spaß die umständliche Verkleidung z.B. zur Oma wird stehen müssen.

Natürlich fragte ich den ideenreichen Millionär, was er sonst noch für Hobbys habe: »Eigentlich nur Notwehr.«

Geld macht sexy

Als sekundäres Geschlechtsmerkmal überzeugen Scheine mehr als der BMW, denn Geld kann nicht jeder Idiot mieten. Selbst fette Glatzköpfe werden mit einem Blick angesehen, den sie zuvor nur von den Häßlichen mit Torschlußpanik kannten: Verliebt. Die Augen sagen schmachtend und unmißverständlich: »Werde der Vater meiner Kinder!« Wenn er nicht sofort bereit dazu ist, inszenieren Frauen zufällige Treffen. Alle Waffen der Frau werden eingesetzt, und alle Waffen des Mannes, wenn ihr Mann dahinter kommt.

Frauen mit Geld üben auf manche Männer eine unglaubliche Faszination aus. Sie nehmen den ersten Mann, der sie nicht nur angeblich, sondern sogar körperlich liebt, ohne zuvor zum Schutz gegen die Kälte ein Handtuch über sie gelegt zu haben.

Noch mehr Geld machen macht Spaß

Gern erinnere ich mich an das Glückgefühl, das mich überkam, als ich mein erstes Geld selbst verdient hatte. Und vom unschuldigen Betrügen anderer Kinder war es kein weiter Weg zur Besteckschublade. Dort befand sich das Messer, mit dem ich dringend notwendige Investitionshilfen aus Muttis Sparschwein fingern konnte.

Vor allem einen Fehler habe ich – sehr schmerzhaft – in dieser Zeit zu vermeiden gelernt: die vollständige Leerung des Schweines. Die Plünderung von Papis Brieftasche hingegen fiel nicht auf, weil sie sich im Bereich von 20% des Gesamtvolumens abspielte und erst über die Halbe-Halbe-Taschenpfändung hinausging, als ich Papi einmal Unterlagen in die Hand spielte, die auch Mutti interessiert hätten. Seitdem hatte ich eine glückliche Jugend.

Spekulieren

Aktien

Ständig überträgt der Computer die aktuellen Kursentwicklungen weltweit. Dow Jones, DAX, Nintendo. Man gibt Orders, muß aber keine befolgen.

Anlagen

Anlage-Spekulationen sind genau richtig für Reiche, die gern schulmeistern. Von allein versteht die Logik der Anlagemodelle niemand. Was meinen Sie, was es für Schwierigkeiten gab, als der Mann sie auswendig lernen mußte, der Sie zur Unterschrift überredet hat?

Kaum haben Sie Ihr Vermögen in einem hochintelligenten Fond angelegt, stehen Sie mit einer Hochglanzbroschüre in Ihrem Büro und lernen den Text auswendig. Eines Tages halten Sie auf einer zwanglosen Party einen Vortrag. Ihr Bekanntenkreis wird Sie für Ihre Schlitzohrigkeit und Intelligenz bewundern.

Was aber tun Sie, wenn jemand mit mehr als einem Hauptschulabschluß unter den Zuhörern ist? In diesem Fall verschieben Sie Ihren Unterricht besser, bis Sie auf der ausgezogenen Tafel in der guten Stube Ihre verdoppelte Million ansprechend präsentieren können.

Warentermingeschäfte

»Ich spekuliere mit Schweinehälften.« Das findet man peinlich und munkelt hinter Ihrem Rücken: »Ganze Schweine kann sich der Idiot wohl nicht leisten.«

Gold

Eine seltsame Faszination geht offenbar von diesem aus Film, Funk und Fernsehen bekannten Metall aus. Viele spekulieren gern damit. Dabei weiß jeder: das Gold der Welt wird immer mehr, weil viele fördern, aber kaum jemand altes Gold wegwirft. Wertverlust von 1985 nach 1993 rund 40%!

Geld arbeiten lassen

Immer wieder hört man, daß Reiche ihr Geld für sich arbeiten lassen. Da stellt sich die Frage: Wie arbeitet Geld eigentlich?

Vermutlich geht es nicht mit rechten Dingen zu, denn niemand hat Geld je arbeiten sehen. Es bleiben viele Fragen offen – z. B. die nach der Arbeitszeit. Neulich kaufte sich ein Freund von mir einen neuen SL-Mercedes, und ich fragte ihn: »Wie kannst du dir das leisten?« Er sagte: »Mein Geld hat Überstunden gemacht.« Das hat mir sehr zu denken gegeben, und ich dachte mir: Hat Geld das überhaupt nötig?

Und: Welche Ausbildung hat Geld eigentlich?

Immobilien

Ab drei Wohnhäusern macht es Spaß. Darunter ist es eine rechte Schinderei, bevor das Geld mehr Zinsen abwirft, als es ohne weiteres bei der Bank brächte. Bei einer Handvoll Mieteinheiten hat man nämlich dasselbe Problem wie ein Arzt: Mitleid behindert die korrekte Berufsausübung. Trotzdem tröstet es die Mieter nicht, wenn Sie ihnen sagen: »Von einem unprofessionellen Arzt würden Sie sich auch nicht behandeln lassen wollen.«

Das Problem der Moral sollte man sich vorher stellen, und zweifellos ist es wahr, daß irgendwer sowieso Mietwohnungen in Eigentumswohnungen umwandelt. Wenn nicht Sie, dann hätte jemand anders ... – jemand, der allerdings im Gegensatz zu Ihnen noch nie 5 % seiner Gewinne an Greenpeace überwiesen hat.

Kunst

Wenn die Wände kahl sind, muß man sowieso was mit ihnen machen. Warum nicht vollhängen? Auf die Frage nach dem »Womit?« formulieren ihre Antworten wie aus der Pistole geschossen nur die Besserverdienenden mit dem Jagdschein. Sexuell gesündere Millionäre verzichten zugunsten zeitgenössischer Kunst auf gebleichte Zwölfender und streichen eine Rendite ein, wenn die anderen Galeristen beim Pushen ihrer Künstler noch einfallsloser waren als der, bei dem man seine Schinken gekauft hatte.

Kreditwesen im Bekanntenkreis

Geben ist seliger denn Nehmen

Sie schaffen sich Freunde, wenn Sie anbieten: »Solltest Du jemals Geld brauchen, wende dich an mich.« Alle lieben Sie, solange sie sich nichts bei Ihnen gepumpt haben. Sie werden endlos lange freundlich behandelt, wenn Sie im Ernstfall das angebotene Darlehen doch an immer mehr Bedingungen knüpfen. Das Geld rücken Sie erst heraus, wenn der Bittsteller sich bereits auf Knien vor Ihnen windet und Ihre Zahlung als Erste-Hilfe-Maßnahme bei Herzinfarkt gelten muß.

Nach der Einräumung des Darlehens fängt die für Sie lustigste Zeit an: Selbstverständlich brauchen Sie das Geld früher zurück, als vereinbart. Und eigentlich auch mit mehr Zinsen.

Ihr Schuldner meidet Sie wie die Pest, aber im Gegensatz zur Pest tauchen Sie überall regelmäßig auf, wo Ihr Schuldner verkehrt. Außerdem lauern Sie ihm auf, um ihn mehrmals pro Woche zufällig treffen zu können – bevorzugt vor Publikum, das nichts von der Abhängigkeit Ihres Schuldners ahnte.

Besonders unterhaltsam finde ich die irgendwann unausweichlichen Inkasso-Maßnahmen. Bei diesem Job kann man auch randständige Minderheiten resozialisieren – wer sagt nämlich, daß entlassene Strafgefangene nur Zeitschriftenabos verkaufen können – trotz eines Kreuzes mit Überbreite?

Das Endstadium – die große Klasse

Geld schafft Unsterblichkeit

Immer wieder erinnern uns altdeutsche Spruchweisheiten an die Qualitätsmängel eines beliebten Kleidungsstückes: »Das letzte Hemd hat keine Taschen« heißt es da, und dies ist als Anklage gemeint. Natürlich haben sowohl die Textilindustrie als auch die Beerdigungsunternehmen ein berechtigtes Interesse am taschenlosen Hemd, wenn man auch nicht weiß, welches.

Man kann sein Geld nicht ins Jenseits mitnehmen, sonst hätten die stinkreichen Könige vergangener Jahrtausende ihre Grabbeigaben bestimmt längst ausgegeben, anstatt sich nach Jahrhunderten ohne Zinsen von Grabräubern beklauen zu lassen. Oder sind Mumien geizig? Ein hellsichtiges Medium, das gegen Geld mit Toten in Kontakt tritt, sagte mir neulich: »Im Himmelreich sieht es aus wie in der DDR: Man kann von seinem Geld nichts kaufen.«

Jeder betagte Millionär möchte wenigstens ein bißchen unsterblich sein. Das läßt man sich was kosten. Pablo Picasso oder Steven Spielberg können Ihre Millionen für etwas Ulkigeres als Unsterblichkeit ausgeben, sie sind längst unsterblich. Aber was soll der Millionär von nebenan machen, wo seine Kunst sich im Zeichnen von Schecks erschöpft und er jede Kamera versaut, weil er den Tesa-Film immer falsch einlegt?

Wohltätigkeit

Ein stadtbekannter Berliner Wohltäter sagte mir mal: »Eigentlich müßten mich alle als Kapitalistenschwein und Ausbeuter hassen.« Aber es gelingt ihm, für seine Person den begehrten Robin-Hood-Effekt zu erzeugen: unter Einsatz von höchstens 10 % seines Einkommens. »Ich gebe den ganz Armen, was ich den Armen genommen.« Bearbeitungsgebühr 90%.

So selbstlos! Und soooo gut fotografiert!

Der wahre Wohltäter erwartet keine Gegenleistungen – sie sind ihm halt aufgedrängt worden, und sei es in Form von Wohltaten vor dem Ausbruch der Wohltätigkeit.

Nicht, daß man als Millionär ein schlechtes Gewissen zu beruhigen hätte. Man spürt ganz tief drinnen den Drang zu helfen. Behinderten, Alten, Kranken, Kindern, Frauen, der Waldameise. Und was ist der Lohn? Daß sie einen alle ansehen aus ihren geweiteten dankbaren Augen. Behinderte, Alte, Kranke, Kinder, Frauen, Waldameisen und sogar die Läuse, auf deren Hintern sie allesamt gerade herumtrommeln.

Genießen Sie das schöne Gefühl, jemandem geholfen zu haben. Jemandem wie Sie jemand sind. Ihrem Nachbarn z. B., der einst Ihr Chef war, und danach zeitweise Ihr Konkurrent. Er kämpfte mit allen Mitteln gegen Sie, aber Sie haben ihm seine fairen Tricks längst verziehen – gleich nachdem sie ihn ruiniert haben. Er steht auf Platz Nr. 2 Ihrer persönlichen Almosenliste – gleich nach dem von Ihnen gestifteten Tierheim für an Autobahnraststätten ausgesetzte Waldameisen.

Stiftungen und Denkmäler

Wer einmal vor einer überlebensgroßen Bronzebüste Bismarcks gestanden hat, hat sich ausgemalt, wie er sich selbst in diesem beständigen Material vor einer wißbegierigen Schulklasse des Jahres 2108 machen würde.

Das Denkmal ist und bleibt die Luxusausgabe des Grabsteines. Engagieren Sie einen Bildhauer, der dem Rat der Stadt erklärt, wieso es überaus zeittypisch und gleichzeitig dekorativ rüberkommen würde, wenn man einen Bürger aus ihrer Mitte, quasi als Stellvertreter, der Ewigkeit überantworten würde. Und dieser Bürger übernimmt auch noch die Kosten für das Ding. Einschließlich Flugreisen zu den Bronzeminen von Thailand für sämtliche Ratsherren. Mit Frau und Auto. Wir nehmen welche, die im Zielland schon vorhanden sind, denn Ehefrau und Daimler im Flugzeug, das würde zu sehr nach unlauterer Beeinflussung aussehen.

Das Testament

Das Testment ist die wirksamste Waffe der Reichen. Mit ihr dressieren Sie alle Arten von Aasgeiern und können ihnen gleichzeitig unbemerkt die Schnäbel zubinden.

Gerade in den letzten Lebensjahren (ab 42) entwickeln Reiche eine gewisse Menschenfeindlichkeit. So oft sind sie schon enttäuscht worden. Ständig mußten sie sich scheiden lassen, weil ihre Ehepartner am Ende doch nichts hatten außer Schwind- und Verschwendungssucht.

Und nun, mit fortschreitendem Alter, wird der Erblasser umschwärmt und umschleimt. Er stellt sich zunehmend senil, dämlich und gutgläubig, achtet aber sorgfältig darauf, sämtliche seiner Wünsche unauffällig in seinen angedeuteten Versprechungen zu plazieren. Man liest ihm von Augen und Lippen ab, wie man ihm einen schönen Lebensabend bereiten könnte.

Zur Testamentseröffnung dann sind alle geladen, die etwas geerbt haben. Das sind alle Menschen, mit denen der reiche Erblasser seit seinem 42. Lebensjahr persönlich zu tun gehabt hat. Die meisten kennen sich – und wollen einander nicht kennen. Eine kennt angeblich keiner, aber vielen kommt sie um so bekannter vor.

Das vererbte Vermögen ist so groß wie das Herz des Erblassers, und so bekommt jeder der Anwesenden zweierlei: ein Zehnmarkstück und einen Anfall, wenn auf Seite zehn des Testamentes der Jackpot an einen Pornostar geht. »Ich habe Sie zwar nie persönlich kennengelernt, Theresa, aber trotzdem haben Sie mir jeden Tag mehr Freude geschenkt, als meine sämtlichen Freunde und Verwandten zusammen seit meinem 42. Geburtstag.«

Jetzt fällt bei den Männern der Groschen. Bleiben 9,90 Mark . . .